달의 인생

김외순 수필집

교음사

| 작가의 말 |

첫 수필집은 사랑하는 부모님의 이야기로 채우고 싶었다. 아버지 팔순에 맞춰서 준비하고 싶었지만 여의치 않아 오늘에야 슬그머니 마음을 담아 내본다.

수필은 '작가 자신이 주체가 되어 자신의 삶과 체험을 자유롭고 진솔하게 나타낸 고백적, 인격적인 글로 자기 생각과 느낌을 간명하게 문예적으로 쓴 글'이라고 정의한다.

이런 수필을 쓰다 보니 혹자는 무슨 넋두리를 이렇게 장황하게 늘어놓았느냐고 할 수 있기에 약간의 두려움도 있다. 하지만, 어린 나이에 어머니를 여의고 계모 밑에서 힘들게 살면서, 믿고 의지한 형님을 보내고, 그 형님의 딸까지 독차지해야만 했던 사람. 삶의 희망이라고 생각한 큰딸의 원인 모를 병명 그 모든 것들이 양어깨에 남아 짓눌렀을 우리 아버지, 어머니를 지나치고 싶지 않았다. 그래서 생각나는 대로 굵은 아버지의 일상 몇 작품과 그 아픔이 전부였던 큰딸이 지금은 이렇게 잘 지내고 있다는 마음을 전하고 싶었다.

2025년 여름은 무더위가 기승을 부린다. 아직도 농토에서 구슬땀을 흘리고 계실 엄마, 아빠께 사랑을 담아 이 글을 바친다.

발간을 도와준 전남문화재단에 감사를 드리며, 책이 나올 때까지 격려와 후원을 아끼지 않은 문우 선생님께 고마움을 전한다.

좋은 책을 위해 애써 준 교음사의 강병욱 대표님과 류진 편집장님께도 감사 인사를 드린다. 항상 믿어주고 이해해주는 남편과 두 딸에게도 고마운 마음을 보낸다.

2025년 8월에 김의순

| 차 례 |

‣ 작가의 말

1. 참새의 하루

귀여운 도둑 … 16
기차, 그리고 첫사랑 … 19
다시 태어난다면 … 22
참새의 하루 … 25
계절의 바뀜은 우리 집 우물물에서부터 시작된다 … 29
명절 … 32
벌과 나누다 … 36
동안거 … 39
때론 눈물도 필요하더이다 … 43
뺄고동의 여행일기 … 47
원룸살이 … 50

2. 달의 인생

나 어릴 적엔 … 54

달라진 풍경 … 59

대나무 발걸이 … 62

물의 연가 … 65

동짓날 … 69

살아야지 … 72

시댁과 친정 … 77

종기 … 81

가을 … 83

추억 소환 … 86

치유 여행 … 90

3. 나무도 귀가 있다

껍딱 … 96

비 내리는 고모령 … 100

신발 한 짝 … 102

고구마 빼깽이 … 106

나무도 귀가 있다 … 109

외로운 아이 … 113

난봉산 … 116

솎아내는 농부 … 123

착한 아들 나쁜 아들 … 127

미션 … 130

체면 … 136

4. 홀로서기

내 집 짓기 1 … 142

내 집 짓기 2 … 145

내 집 짓기 3 … 148

안면도 가는 길 … 152

내가 시한부 인생을 산다면 … 156

올림픽을 보면서 … 160

홀로서기 … 163

꽃 진 자리 … 167

슬픈 추억 … 170

인생은 축제하듯 살자 … 173

나는 그렇게 살았다 … 177

| 서평 | 강병욱(월간 『수필문학』 발행인) … 192

1

참새의 하루

귀여운 도둑

　우리 집 창문 너머로 보이는 풍경은 한 폭의 수채화처럼 물을 머금은 오후다. 멍하니 그림 감상을 하고 있는데 무언가가 휙 지나간다. 잠시의 정적을 깬 까치 한 마리. 무언가를 물고는 어디론가 날아가는 평화로운 날.

　가만히 까치 하는 양을 들여다보았다. 어디론가 갔던 그이는 안에서 쳐다보고 있는 줄도 모르고 두리번 두리번거리며 또 나타난다. 먹을 게 뭐가 있어서 다시 왔을까? 자세히 보니 그이의 지난 자리에 단감 말랭이가 방긋거리고 있다.

　단감 말랭이를 다른 해는 어찌어찌 다 소화했는데 이번에는 먹을 시간이 없다는 핑계로 못 먹게 되었다. 여기저기 나눠도 주고, 집에 오는 손님과 나눠 먹어도 남고, 오늘 온종일 감을 깎아서 말리기 시작했다. 처음에는 살짝살짝 뒤집어 주면서 달라붙지 않게 신경 썼더니 아주 맛있는 말랭이가 되었다. 마당 옆에 두고 밭에 갈 때 하나 먹고, 또다시 오면서 하나 입에 물고, 절반이 사라졌다. 그래도 채반 가득 남아 있는 말랭이를 안으로 드릴까 하다가 지나다니면서 먹자고 그대로 두었는데, 까치가 이걸 본 것이다.

휘청휘청 날아오더니 지붕가에 앉는다. 하늘 한 번 쳐다보고, 땅 한 번 보고, 창문으로 보이지 않는 나를 한 번 쳐다보고, 아무 일 없듯이 한 계단 내려앉는다. 그리고는 또 반복되는 날갯짓 다섯 번을 하고는 감말랭이를 만난다. 하나를 덥석 물더니 내려놓는다. 또 옆에 있는 걸 물어보더니 내려놓는다. 허 헛웃음이 난다. 눈치를 살피던 그이는 작은 말랭이를 찾아서는 가뿐하게 하늘을 난다. 보고 있던 나는 조용히 가위를 들고 가서 까치가 물었던 말랭이를 잘랐다. 더 편하게 물고 가기를 바라면서.

작은 미물인 저 새조차도 염치라는 것을 아는 모양이다. 인간이 힘들게 만들어 놓은 것을 가져가기가 멋쩍어서 몇 번을 서성거리다가 하나도 작은 하나를 챙겨가는데, 만물의 영장이라는 인간은 염치를 어디에 팔아먹었는지 다른 사람들의 고생은 말로만 때우고, 자기 잇속 챙기기에 급급한 모습이 웃프다.

  오늘 하나의 작은 몸짓에서 큰 걸 깨우치게 한 때까치의 모습이 나를 돌아보게 하는 날이다.

(2023. 1. 5)

기차, 그리고 첫사랑

가슴 떨리는 여행을 싫어하는 사람이 얼마나 될까? 그것도 기차를 타고 떠난 여행길에서 만난 사랑이라면.

사람은 누군가의 사랑 이야기를 들으면 마음이 달달해지면서, 그 이야기의 주인공처럼 들뜬 기분을 가지게 된다. 여기 기차 안에서 맺은 인연으로 오십 년을 넘겨 살고 계시는 분들이 계신다. 우리 부모님!

처음 엄마, 아빠의 사랑 이야기를 접한 곳은 놀랍게도 KBS「아침마당」이라는 프로그램이었다. 엄마가 TV에 나온다는 소리를 듣고 깜짝 놀랐다. 떨지도 않으면서 생방송을 하신 우리 엄마보다 그 달콤한 첫사랑 이야기가 더 새로웠다. 부모님의 사랑 얘기를 들을 기회가 어디 흔하던가.

 강원도에서 군 생활을 하던 남자는 휴가차 광양집에 왔다가 복귀 중이었다. 그 당시 교통편인 무궁화 열차를 타고 서울로 가는 도중에 옆자리에 앉은 여자가 어리게는 보이지만 통통 튀는 모습이 좋아 보였다. 항상 삶이 고단한 것이라고만 생각했던 남자는 그 해맑은 모습이 좋았던 것일까? 서로 대화를 시작했고 여섯 시간이 짧게만 느껴졌다. 남자는 군에 복귀 중이라고 말했고, 여자는 하나밖에 없는 오빠가 월남 전쟁에 참여했는데, 군복 입은 사람에게 혹여나 오빠 소식이라도 들을까 서울에 다니러 간다고 했다. 여자도 처음 보는 그 남자가 싫지 않았고 이야기를 나누면서 믿음이 가는 사람이라고 생각했다. 그렇게 헤어지면서 남자가 편지해 줄 수 있냐며 건넨 군대 주소. 여자는 알았다고 하고선 서울을 다녀와서 편지를 보냈다.
 사랑은 서서히 스며드는 거라고 했던가? 남자와 여자는 편지를 주고받으면서 공통점도 발견하고, 서로의 아픔도 이해하면서 가까워졌다. 제대 후 남자는 편지의 주소지로 찾아갔고, 홀어머니와 오빠의 반대에 부딪혔다. 하기야 누가 계모 시집살이를 하라고 보내겠는가? 남자는 뒤돌아설 수밖에 없었다. 얼마 후

여자는 남자 집을 찾아갔다. 남자 집에서도 홀어미 밑에서 자라서 본디 없다고 반대를 하셨다. 하지만 둘은 헤어지고 싶지 않았고 함께 하고 싶었다. 남자는 여자를 동네 끝에 있는 집에 숨겨두고 만났다. 동네에 소문이 나자 남자 집에서는 어쩔 수 없이 받아들였단다.

  아버지는 간혹 그런 말씀을 하신다. '그때 느그 엄마를 놔 줬어야 하는 거 아니냐'고. '큰일 할 사람을 내가 잡고 있었던 게 아닌가 하고 미안한 마음이 더 크다'고. 하지만 엄마는 그런다. '아빠랑 함께해서 좋았다'고. 어디가 그리 좋았냐고 물으면 '한결같은 사람'이라고 말씀하신다. '사람 사는 일이 힘든 일도 많고, 내리막길도 있지만, 그때마다 한결같이 엄마를 지켜 준 사람'이라고. 두 분의 모습을 보면 아름다운 동행이라는 생각이 든다. 멋진 인생이다.
  기차나 버스에서 만나는 사랑은 헤어지지 않는 거라고 엄마는 그러더라. 가장 힘든 순간에 만난 인연이라 그런다나. 어쩌면 그럴지도 모르겠다.

(2022. 3. 23)

다시 태어난다면

　사람은 많은 꿈을 가지고 살아간다. 꿈에서라도 부자가 되어 보거나, 이름을 알리는 사람이 되거나, 연예인이 되어 대중들에게 사랑을 받고 싶다거나 또는 실컷 사랑이란 걸 해 보고 싶다거나, 자원봉사로 고생하는 사람들에게 희망을 주고 싶다는 포부도 얘기할 것이다.
　처음엔 이 주제로는 쓸 말이 없었다. 문학 동아리에서 시작된 이 주제로 한참을 생각했다. 다시 태어나서 뭘 할까? 드라마에 나왔던 주인공처럼 기억을 잊어버리지 않고 살아간다면 모를까, 다시 살아내야 한다는 것은 또 다른 아픔인데, 뭘 위해 다시 태어난단 말인가? 사람이 아닌 한 마리 나비가 되어 세상

훌훌 털어버리고 자유롭게 산다면 모르겠다.

  오늘 문득 아버지가 보고 싶었다. 쉼이라는 의미가 무엇인지 모르시는 분. 항상 무언가를 향해 움직이시기만 한 내 아버지. 산과 강이 함께 있는 시골 마을의 농사일은 해도 해도 끝이 없다. 특히 부지런한 아버지는 여유라곤 모르신다. 봄이 되기 전부터 감나무, 매실나무 전지 때문에 바쁘고, 봄이 되면 새끼들(씨앗)이 튼튼하게 자라라고 논 갈고, 밭매고 닥치는 대로 일을 하신다. 매실 수확하고, 다시 여름이면 그 뙤약볕에 고추 농사에 여념이 없고, 가을이면 벼농사, 감 작업, 겨울이면 곶감 말리느라 또 분주하신 분. 지금은 광양제철이 들어와서 일이 줄었지만, 예전에는 겨울이면 바닷일까지 하셨다. 젊어서는 오 남매 키운다고 동분서주하고, 아버지의 삶이란 일과 가족밖에 없으셨다.

  항상 쉼 없이 바쁘기만 하신 아버지. 나는 그 삶이 힘들어 보이기보다는 아버지 마음에 한으로 남았을 어머님에 대한 그리움이 가슴 아팠다.

  할머니는 아버지 세 살 때 돌아가셨다고 하신다. 그래서 할아버지는 아들을 키울 계모를 맞이하셨다. 하지만 그 계모는 사랑을 모르시는 분이었던 모양이다. 아버지 위로 네 살 많은 친형님이 있었고, 할머니가 데리고 온 두 살 많은 형님 한 명. 할머니는 아들만 세 명을 키우면서 잔정을 주지 않았던가 보다. 막내아들이기에 어리광도 부리고, 사랑도 받고 싶었던 아들은 말수가 적은 아버지와 까칠한 새어머니 때문에 정을 붙이지 못했다. 하루하루 방황하는 아들에게 할아버지는 돈을 주는 게 전부였다. 불쌍한 아들이 더는 어긋나지 않도록, 하고 싶은 거라도 하라고 돈을 내밀었지만, 그 아들은 그 돈으로 술과의 전쟁에 매달렸다. 정이 고팠던 사람. 사람이 그리워 사람만을 찾았던 아버지. 결혼까지 하셨지만, 항상 어머니를 그리워하신 내 아버지.

내가 다시 태어난다면 우리 아버지의 어머니로 태어나고 싶다. 아버지의 어린 마음을 보듬어 주고, 아버지의 힘든 삶을 어루만져 줄 수 있는 사람.

자식밖에 모르시는, 그 자식들이 잘 커 주기만을 바라시고 아낌없는 나무가 되어주신 내 아버지의 무한한 사랑. 그 무한한 사랑을 부모님께 받았던 만큼 돌려 드리고 싶다.

(2020. 11. 10)

참새의 하루

아침이 밝는구나/ 언제나 그렇지만/ 오늘도 재 너머에/ 낟알갱이 주우러 나가 봐야지/ 아침이 밝는구나

아침 다섯 시 삼십 분 눈을 떴다. 새들의 지저귐. 창문 너머 비치는 햇살. 송창식의 「참새의 하루」를 흥얼거린다. 딱 그 구절만 반복한다. 짧게 아침 체조를 하고 빨래통을 들고 우물가로 간다. 버려두기만 했던 우물물을 계속 퍼 올렸더니 지금은 살아서 움직여 양손에 닿는 감촉이 부드럽다.

쓱쓱 쓱쓱, 주물주물, 쏴아~ 빨래가 손에서 대야에서 시원한 샤워를 하고 따뜻한 햇볕 아래 잠을 자러 가고, 나는 또 다른

아침을 준비한다. 참새가 낟알갱이를 주우러 가듯 집 안으로 들어와서 간단한 아침을 먹고 책상 앞에 앉는다. 어제 읽다만 책을 한두 장 넘기고, 옆에서 얘기하는 핸드폰에 대꾸하고, 또 한두 장 넘겨보고, 핸드폰과 놀아보고. 어느새 오전이란 시간은 훌쩍 지나 버렸다.

바람이 부는구나/ 언제나 그렇지만/ 오늘도 허수아비/ 뽐을 내며 깡통 소리 울려대겠지/ 바람이 부는구나

피곤하다. 점심 대신 삼십 분 낮잠에 빠진다. 밖으로 나와서 텃밭에 한 번 나앉아 본다. 상추는 벌써 씨앗을 맺었다. '한 생애의 종지부를 찍는구나.' 그 옆에 서 있는 고추는 새 생명을 살려 보려는 듯 안간힘을 쓰고 있다. 히히 웃고 있는 가지는 네 개나 달린 보랏빛 새끼들을 자랑하고 있다. 살짝이 고개를 내밀던 고들빼기는 목마름을 호소한다.

"안돼! 태양이 너무 뜨거워. 지금 물을 주면 잎사귀가 타들어 간단 말이야. 해가 질 때 그때 줄게."

아이처럼 어르고 달랜 뒤, 뒤꼍에 있는 호박에게 간다. '무럭무럭 자라면 좋을 텐데 거름이 부족한가.' 매일 그 상태다. 비

료를 한 움큼 집어 주었다. "내일이면 영양분을 먹고 조금은 몸을 추스르겠지?" 여기저기 있는 내 새끼들을 보듬어 가며 말 걸기가 바쁘다.

　　햇볕이 따갑구나/ 언제나 그렇지만/ 오늘도 어디 가서/ 물 한 모금 축이고 재잘대야지/ 햇볕이 따갑구나

중천에 있던 해는 산허리에 걸린다. 겉옷을 하나 걸치고 동네로 나간다. 회관 앞에 있던 동네 형님들과 언니들에게 인사하고. 또 몇몇이 모여 산책을 간다.

　　희망은 새롭구나/ 언제나 똑같지만/ 커다란 방앗간에/ 집을 짓고 오순도순 살아봐야지/ 희망은 새롭구나

모내기 철이라 빈 논이 없다. 찰랑찰랑거리는 논은 모를 품고 태양을 마신다. 반짝반짝이는 물빛이 참 이쁘다. 산책길에 만난 맹꽁이는 맹꽁맹꽁한다는데 알아들을 수 없는 말을 하고, 개구리는 폴짝폴짝 동무하자며 뛰어간다. 한 시간 정도 돌고 났더니 땀이 몽글몽글 난다. 집으로 돌아와 저녁을 준비한다.

이제는 졸립구나/ 언제나 그렇지만/ 마누라 바가지는/ 자장가로 부르는 사랑의 노래/ 이제는 졸립구나/ 아침이 밝는구나/ 바람이 부는구나/ 햇볕이 따갑구나/ 희망은 새롭구나/ 이제는 졸립구나

내 하루는 송창식의 「참새의 하루」와 똑같다.

(2017. 6. 8)

계절의 바뀜은 우리 집
우물물에서부터 시작된다

벌써 결혼한 지 삼십 년이 넘었다. 산다는 것이 어떨 때는 살아내야 한다는 것도 알았고, 하기 싫은 일도 해야 한다는 것을 터득한 지도 오래건만 요즈음은 지독한 외로움에 몸서리칠 때가 있다.

올해는 무더위가 극성을 부렸다. 몇 년 전 만 해도 30도를 넘겼네 하던 여름 온도가 급기야는 36도가 기본인 날들의 연속이었다. '덥다 더워'를 연발하면서도 대책 없는 더위에 물속으로 풍덩, 계곡으로 쪼르륵. 몸속의 화기만 살짝 빠질 뿐 더위에 우리 몸은 무기력을 호소하곤 한다.

7월 마지막 주, 물놀이를 다녀왔다. 신나게 놀고 오니 빨랫감이 한가득. 월요일 아침. 그 많은 빨래를 세탁기에 돌렸다. 쏴아아 물 받는 경쾌한 소리가 참 좋다. 조금 후 삐삐삑 세탁기가 멈추어 버렸다. 다시 가서 돌려도 움직이지 못하고 '나 지금 너무 아파요.' 울고 있는 세탁기. 할 수 없이 세탁기 안에 빨래를 끄집어냈다. '와! 세탁기도 힘들었겠구나.' 진짜 많은 빨랫감이 물까지 먹어 꺼내는 것도 힘이 든다. AS에 전화를 걸었다. 통돌이 바닥에 있는 부속이 망가졌는데, 모델이 오래되어서 수리하는데 이십만 원이 든단다. 사형 선고나 마찬가지다. 마음은 빨리 가서 세탁기를 데려오고 싶지만, 오늘 빨래부터 처리해야 하지 않는가.

우물로 가져갔다. '더위는 극성인데 이게 뭐람' 투덜거리면서 우물물을 한 바가지 퍼 올렸다. '와! 시원하다' 한 바가지를 퍼 올릴 때마다 시원함이 더해져 흐르는 땀방울도 기분 좋게 한다. 그렇게 빨래를 하면서 몸속에 있는 더위도 한 꺼풀 벗겨내고 있다 보니 어느새 세탁기란 존재도 잊은 채 나의 아침 일과를 즐기는 여유까지 생겼다.

그렇게 한 달을 보내고 처서가 지났다. 이젠 그 무덥던 더위가 살짝궁 비켜나고 있다. 낮에 더위는 애교로 봐 주고, 저녁 내내 돌아가던 에어컨 소리도 잠잠해지고, 나의 첫 일과인 빨래를 하러 우물로 갔다. 어제 퍼 올렸던 우물물은 차갑다는 생각이 든다. 그 차가운 물에 애벌빨래를 해 두고 텃밭에서 고추, 가지, 호박을 따서 아침 된장국을 생각하며 기분 좋게 우물물로 왔다. 한 바가지 퍼 올린 우물물은 따뜻하다.

  아! 계절이 바뀌었구나. 어느새 가을인가 보다. 계절의 바뀜은 우리 집 우물물에서 시작하는 모양이다. 따뜻한 우물물에 비누로 빨래를 시작하면서 지난 한 달을 생각해본다. 비가 와서 하루라도 빨지 않으면 빨래통이 가득 차 버렸던 내 껍데기들. 그 껍데기를 닦으면서 나의 내면의 아픔도 하나씩 지워가고 있었구나. 최근 그냥 웃어넘겨도 되는 일에 마음을 크게 다쳤다. 나는 웃지 못하고 배신이라고 비난을 받았다.

  몇 날 며칠을 생각하고 또 생각했지만 '나는 그 그룹에서 제거하고 싶은 사람이었구나' 하는 생각이 가장 컸다. 서로 다른 생각을 가지고 있으니 얼굴만 붉힐 수밖에 없었다. 이렇게 힘들 바에는 어느 한쪽이 그만두는 게 맞다. 단지 그 사람이 나라는 게 싫을 뿐이다.

  우물물의 따뜻함이 나를 감싼다. 그래 계절이 바뀌듯 내 마음도 서서히 상처가 치유되겠지. 오늘 하루도 따뜻함을 가슴에 안고 아침 일과를 시작한다. (2023. 8. 26)

명절

며칠 후면 설이 다가온다. 설이라고 해 봐야 무슨 의미가 있을까 싶다. 옛날처럼 북적대는 것도 아니고, 그냥 일상 속의 하루가 지나는 느낌이랄까, 왠지 서운해진다. 두 딸이 있는데 이번 명절에는 아무도 집에 오지 않는다고 한다. 큰딸은 공무원인데 설날 당직이라 오기 힘들다고 하고, 작은딸은 좋은 직장을 다니지만, 더 큰 그림을 그리기 위해 시험 준비를 하고 있다고 한다.

명절이라고 오면 좋겠다는 말도 못 하고 그냥 알았다고만 하고 말았다. 거기다가 시부모님도 일찍 돌아가셔서 갈 곳은 친정밖에 없다. 지금 우리 또래가 고아가 되는 시점이라고 하니 그래도 갈 데라도 있는 나는 그나마 다행인가. 피식 웃음이 나온다.

신혼 초. 명절만 되면 전화통에 불이 났다. 친정 동생들이 언제 오느냐고 전화를 번갈아 가며 했다. 남동생들은 아직 어렸고, 선물이라도 사 가지고 가는 큰누나만 기다리고 있었다. 거기다가 삼대독자나 다름없는 아버지도 은근 큰딸이 오길 기다리고 계신 모양이다.

하지만 시집간 딸은 그리 쉬이 친정에 갈 수 없었다. 시댁에서 큰집으로 가면 집성촌에 큰 어른인 큰어머니가 계시니 동리 사람들은 다 세배를 왔다. 그러니, 큰집 형님이랑 떡국 끓이는 게 일이었다. 한 상 물리고 설거지하고 앉을라치면 또 나타나는 손님들. 그 손님들 치르느라 정신이 없는데 남편은 모처럼 만난 친구들과 회관에서 고스톱에 열중하고 있었다. 애들도 답답한지 외갓집 언제 가느냐고 치근대면 시어머니는 얼른 친정 가라고 다그친다.

집으로 와서 짐을 싸고 친정 갈 준비를 하고 있어도 오지 않은 남편. 애들을 하나씩 보내고 또 보내면 뾰로통하고 나타나던 남편. 버리고 가고 싶은 마음 굴뚝 같다가도 혼자 갈 수 없고 꾹꾹 눌러 담아 친정으로 갔다. 과일 한 상자, 술 한 병들고 친정에 가면 무심한 듯 아버지가 반기신다. 철없는 동생들은 왜 이제 왔냐고 타박을 하지만 아버지는 입꼬리가 살짝이 올라가신다.

"앞집이는 명절이라고 동생들도 오고, 손님 치른다고 음식도 허고 허는디 우리집은 올 사람이 누가 있냐? 그냥 절간것다."

"아들도 있고 헌디 뭔 절간이요. 나도 오고허는디"

"긍께로 니라도 온께 사람 사는 집 같다야. 올 사람도 없응께 얼매나 적적허든지. 느그 할아씨가 동생이라도 좀 많이 놔주던지 허지. 아무도 없고 안 외롭것냐."

"그래서 우리 형제들이 안 많으요. 학교 댕길 때 얼매나 쪽 팔렸는지. 아빠! 그거 아요? 호구 조사를 허는디 오빠 있는 사람 손 들어봐라, 그담에 언니 있는 사람, 동생 하나 있는 사람? 동생 둘 있는 사람? 동생 셋이 있는 사람? 그리고는 아직도 손 안 든 사람 손 들어라고 안 허요. 그럼 손드는 사람은 나밖에 없당께. 그럼 선상님이 물어봐. 왜 아직까지 손 안 들었냐고. 글믄 나는 기 죽은 목소리로 동생이 넷인디요. 그라믄 친구들이 하하하 웃어쌌는디 그 소리가 그렇코롬 듣기 싫트마요."

"그래도 다 큰께 안 좋냐? 명절이 되면 이리 북적대서 난 좋더라."

아버지는 그랬을 것이다. 증조할아버지, 할아버지가 독자로 내려오신 데다가 아버지도 한 분 계시는 형님이 먼저 돌아가셨으니 얼마나 외로우셨을까? 오죽하면 오는 손님이 큰딸 내외밖에 없다고 목 빠지게 기다리고 계실까.

명절이 다가오니 나 역시 아버지와 같은 마음으로 자식들 눈치만 보고 있다. 오면 고마운 거고, 못 오면 서운한 거고.

(2022. 1. 22)

벌과 나누다

 아침 일찍 우물가로 갔다. 언제부턴가 그 옆에 서 있는 무화과나무 한 그루.
 여름부터 익기 시작하는 무화과는 벌들의 놀이터다. 아직 잠이 덜 깬 아침. 부지런한 벌들은 옹기종기 모여 담소를 나누듯 윙윙거린다. 손을 뻗어 무화과 하나를 똑 땄다. 깜짝 놀란 그들은 하늘 위로 날아오르고, 또 어떤 이는 모르는 척 더 깊이 무화과 속으로 들어간다. 또 하나를 똑 땄다. 이번에는 내 그럴 줄 알았다는 듯 내 머리 위를 윙윙거린다.
 하지만 아랑곳 않고 하나를 더 땄다. 더 많은 벌이 머리 위를 날아다니고, 난 세 개의 무화과밖에 딸 수 없었다. 이게 뭐야?

 저녁에 조심스레 무화과나무 밑으로 가 보았다. 달콤한 그 맛을 잊을 수 없었던 나는 벌들과 한판 해 볼 양으로 머리에 모자를 쓰고 고무장갑을 끼고 사다리까지 준비해서 벌들에게 고개를 내밀어 보았다. 여기저기 잘 익은 것들은 이미 벌들의 몫이었다. '에고' 아무리 쳐다봐도 말랑말랑한 것은 벌들이 쪼아 놓았고, 먹을 것이 하나도 없는 것을 본 나는 머쓱한 내 모습에 웃음을 짓게 한다.

 다음 날 아침 조심스레 무화과나무 밑으로 갔다. '와! 많이 익었다. 저걸 어떻게 따서 먹지?' 가만히 쳐다보니 어제보다 덜한 벌들. 가만가만 사다리를 타고 나뭇가지 위로 올라갔다. 내 걸 내놓으라고 벌들은 다시 윙윙거린다. 사다리를 내려왔다. '무화과는 소화효소가 많다고 하더니 쟤들도 저녁에 육식을 했나?' 옆에 있는 갈퀴가 눈에 들어왔다. 가만히 나무를 잡아당겼다. 조용조용 따라오는 나뭇가지. 고개를 숙이면서도 부러지지 않는 무화과에서 하나둘씩 따는 재미가 쏠쏠하다. 다른 가지를 잡아 따고, 또 따면서 멀리서 윙윙거리는 벌들에게 혀를 내밀었다.

 껍질을 하나 벗겨서 입에 물었다. 한입 가득 머금어지는 달달

함과 톡 터지는 씨앗의 느낌이 좋다. 하나 또 벗겼다. 오물오물 벌들은 윙윙 우물 위만 맴돌 뿐 멀찍이 떨어져 있는 나에게는 올 줄을 모른다. 작은 다라이로 한가득 땄다. 나무 위에는 아직도 남아 있는 무화과 열매.

 욕심은 부려서 뭐하겠나. 가진 자의 여유로움이라 할까? 쉬이 물러지는 무화과 속성상 많이 따 봤자 쓰레기만 되는 것을. 하지만 잘 익은 무화과는 내게 손짓을 하고 있다.

 '나도 데려가 주세요. 나도 데려가 주세요.' "안된다. 너까지 데리고 가면 저 벌들은 어떡하니?" "맛있게 먹어라, 너도 먹고 살아야지…."

 꼭대기에 남아 있는 무화과를 향해 날아가는 벌에게 아침 인사를 나눈다.

(2017. 8. 28)

동안거

 오늘이 크리스마스이브다. 병원에 온 지도 벌써 열흘이 지나간다. 한참 발발이처럼 돌아다닌 게 감기가 되었다. 열이 오르내리고 힘이 들게 하더니 어느덧 기침으로 저녁에 잠을 못 자게 했다. 오늘만 지나면 병원에 가야지. 아침에 일어나면 또다시 오늘만 버텨볼까? 또 그렇게 지내면서 일주일을 집에서 버티고 있었다. 버틸 만큼 버티다 병원을 찾았다.
 스님들은 겨울이면 동안거에 들어 벽면수행을 한다고 하더니, 나 역시 벽면 수행하는 스님처럼 하루하루 아픔과 싸워야 했다. 내가 지금 왜 여기서 이렇게 있는 걸까? 내가 왜 지금 여기에서 아파하고 있는 걸까? 세상의 모든 고민을 다 가진 사람처럼, 아니 이 세상의 모든 아픔을 다 짊어진 사람처럼, 감기에 스멀스멀 우울증이 파고들고 있었다. 몸이 아픈 걸까? 마음이 아픈 걸까? 나 자신 하나를 다스리지 못하는 못난 나를 바라보면서 한없이 초라해짐을 느끼고 있었다.

아프기 이틀 전 나는 안 들었으면 좋았을 말을 들었다. 모임에 함께 있던 두 분의 싸움이 있었다. 나는 누구 편도 아니었다. 한 분은 믿고 존경하는 분이었던 A씨, 또 다른 한 분은 나를 엄청 챙기시는 B씨였다. 누구의 손을 들고 싶지 않았고, 난 두 분 사이에 어정쩡한 상태로 있었다. 모임도 계속 유지하였고, 또 다른 모임이 결성되어 그곳에도 나가게 되었다.

문제는 그날 목포에 일이 있다고 해서 B씨와 함께 가게 되었다. A씨도 일이 있어 오게 된 문화재단에서 딱 마주친 세 사람. 나는 죄인도 아닌데 아무 말도 할 수 없었다. 일을 마치고 나가시는 A씨를 따라 엘리베이터 앞에 갔는데 "외순씨! 실망입니다. 그 사기꾼이랑 같이 다니다니…." "모르겠습니다. 제가 알아서 할게요." "같이 다니지 마시요! 저런 사기꾼이랑" 얼굴이 붉으락푸르락하시는 선생님을 보면서 나 역시 충격이었다.

낯선 땅에서 만난 사람들. 풀 한 포기도 고향에서 왔다면 반갑다는 타향에서 어찌 저럴 수가 있던가.

뒷날 아무 일 없는 사람처럼 다시 만났지만 나는 동안거에 들어간 사람이 되어버렸다. 벽면 수행을 하는 사람처럼 화두는 꼬리에 꼬리를 물고 나에게 계속 질문을 하고 있었다. 내가 무슨 죄를 지었는가? 아니다. 나는 아무 죄도 짓지 않았고, 두 분의 싸움이지 나까지 연결된 것은 아니었다. 나는 생각도 하고, 나에게 잘하는 사람에게는 웃을 줄 아는 그런 사람인데 꼭두각시처럼 누가 시킨 대로 하는 사람으로 전락해 버린 건 아닌지. 일주일을 꼬박 생각하고 또 생각했다. 나는 나이고 싶다. 누군가에게 휘둘리는 인형이 아니라 한 사람의 인격체이고 싶다. 나는 그 모임에서 나오기로 결정했다.

사람으로 인한 상처는 안 보는 게 약이다. 나를 다시 세우기 위해 병원에 입원했다. 아파했던 만큼 일어서는 게 힘이 든다. 매일 심해지는 호흡곤란에 눈물이 핑 돌고, 흉통이 오는 기침에 난 몸서리를 쳤다. 마음 정리를 하고 약을 먹고 그렇게 열흘이라는 시간이 지나갔다. 아니 보름이 훌쩍 지나버린 것이다. 한 번 쉬어가야 하는 건지. 마음을 잡고 또다시 일어나야 하는 재충전 시간. 그 시간은 동안거에 비유해도 될 듯싶다. 버림을 아직도 못하고 있는 모양이다. 욕심이 과한 것일까? 오늘 밤 괜히 울적해지는 마음에 외로움이 가슴을 파고든다. 또다시 흉통이 나를 괴롭힌다.

동안거. 아직도 부족한 것일까? 훌훌 털어 버리고 이제는 세상 밖으로 나가야겠다.

(2017. 12. 24)

때론 눈물도 필요하더이다

　추운 겨울이 시작되면서 주위에서 부고가 계속 날아들었다. 지금 50~60대가 현시대에 비추어 고아가 되는 시점이란다. 하기야 옛날 어른들은 환갑이면 오래 살았다고 잔치를 하곤 했다는데, 지금은 팔십이 넘어서도 보내는 사람이 서운하다고 하는 시대다.

　하지만, 장례식장에 가 보면 연세가 많아 돌아가셔서 그러는지 모르겠으나 삼십 년 전과는 사뭇 다른 장례문화와 부딪치게 된다. 한이 많은 우리 민족의 습성을 서구화하여 애도가 아니라 잔치의 개념으로 봐야 한다고 할까? 우는 상주도 애도하는 문상객도 없이 그저 형식처럼 인사만 주고받은 시대가 되어버렸다고나 할까? 즐겁게 지인들 몇몇이 앉아서 담소를 나누고 술 한 잔 기울이는 모습이 흔한 형상이 되어버렸다. 지금 생각하면 인간의 수명이 늘어나면서 나이 든 상주도 힘들어지고, 장례식장이 생기면서 집에서 하는 문화가 사라지지 않았나 싶다.

  시간을 거슬러 1987년 내가 고등학교 다닐 때 우리 집에 큰 초상이 났었다. 집안의 제일 큰 어르신이며, 이대 독자신 할아버지가 일흔 나이에 돌아가신 것이다. 그때는 지금처럼 장례식장이 아니라 집에서 장례절차를 밟았다. 아버지는 할아버지를 보낸 불효자라 천막을 치고 시묘살이에 들어갔다. 시묘살이는 돌아가신 부모의 묘 앞에서 여막을 짓고 3년간 묘를 돌보는 것으로 효의 기본이라고 한다. 당시는 3년이 아니라 3일 상을 치르던 시절이다. 그래서 묘 앞이 아니라 출상에 맞추어 상례 기간 중에 천막을 치고 집에서 여묘살이를 했다.

  착한 사람이 죽으면 하늘에서 비가 내린다고 하더니 음력 유월 하순인데도 무슨 비가 그렇게도 줄기차게 내리는지(보통 양력으로 칠월 말이나 팔월 초라 불볕더위가 기승을 부린다). 아버지는 그 시묘살이에 시간마다 곡을 하며 보내셨다. 사람들 발길은 끊이지 않고 무슨 잔치라도 된 양 사람들의 웅성거림은 계속되고 있는데 서울에 사시는 큰아버지는 마루에 앉아서 술잔을 기울이며, 모처럼 만나는 사람들과 인사를 주고받으셨다. 어린 내 맘속엔 피 한 방울 섞이지 않은 부자 사이라고 해도 서울 큰아버지가 야속했다.

큰아버지는 할머니가 재혼하시면서 데리고 온 아들이다. 다섯 살에 온 아들을 할아버지는 친자식처럼 키웠다고 하시는데 막상 돌아가시고 나니 그것도 아닌 모양이다. 아버지는 맏상제의 무게를 짊어지고, 눈물을 감추려고 고독한 싸움을 하셨다. 쏟아지는 빗줄기에 흐르는 빗방울이라고 애써 태연한 척해도 아버지, 때론 눈물도 필요하더이다.

어린 나이에 어머니를 여의고 사십 때 그때 아버지까지 보내고 나니 얼마나 삶의 무게가 무거웠을까. 고등학생이 딸 하나에, 조카 하나, 중학교 다니는 딸 하나에 아들 하나, 초등학교 다니는 아들 둘. 버팀목이 사라진 날 얼마나 힘들었을까. 부모를 보내고 친형님도 보내고 그 형님의 자식까지 아버지 차지가 되셨으니 그 힘겨움에 울고 또 우시던 아버지의 모습. 간간이 그 모습이 떠오를 때면 지천명이 지나는 지금도 가슴이 먹먹해지곤 한다.

비나리는 날. 작은 천막에 앉아서 곡을 하시며 죄인을 자처

하던 우리 아버지. 항상 나갈 때도 들어올 때도 고하시고, 할아버지부터 챙기시던 아버지는 그날 그 자리에서 죄인으로 사시던 모습은 지금도 주마등처럼 지나간다. 맘껏 어리광도 못 부리고, 굴곡진 인생의 고개를 넘으면서도 울지 못하고 소리 한 번 지르지 못했던 내 아버지. 그 많은 한을 어디에다 풀 수 있을까. 이제는 아프다고 힘들다고 말씀하시고 마음의 응어리도 푸셨으면 좋겠다.

"아버지! 마음속에 눈물 한 방울 이제는 쏟아내셔야지요. 큰 소리로 실컷 쏟아내세요. 항상 말보다 행동으로 보여 주셨던 아버지의 사랑은 잊지 못할 것 같습니다. 사랑하고 존경합니다."

(2022. 1. 13)

뻘고동의 여행일기

툭! 아야 아파!

식탁에서 떨어진 나는 슬금슬금 기어서 의자 밑으로 숨었다. 짠 소금물에 목욕을 하고 운동 삼아 조금씩 움직이다 보니 다라이에서 빠져나오게 된 것이다. 나는 순천 별량에서 엄마, 아빠랑 언니, 오빠랑 동생들이랑 같이 살았다. 친구들도 많고, 뻘밭은 풍부한 영양분이 가득하고, 밀물이 되면 얼른 뻘 속으로 들어가서 나오지 않으면 되고, 썰물이 될라치면 빼꼼히 고개를 내밀어 친구들을 찾곤 했다.

그날도 나는 친구들과 누가 누가 멀리 가는지 놀이를 하고 있었다. 친구들과 조금 떨어지긴 했어도 또 다른 친구들과 애기도 나누고 행복한 시간을 보내고 있는데 끙끙거리며 인간이 발을 빼는 소리에 우리는 놀라서 숨을 곳을 찾았다. 하지만 물은 썰물이었으며, 숨을 곳은 없었다. 뻘 속으로 들어가려고 하는데, 인간의 거대한 손이 나를 들어 올리더니 까만 비닐봉지 속으로 집어넣는다.

그곳에는 벌써 잡혀 온 이웃들이 많이 있었다. 전부 숨을 숙이고 처분만 기다리는 죄수 신세나 다름없었다. 한참을 더 끌고 다니던 인간은 더 많은 고동 친구들을 집어넣었다. 비좁다고 소리라도 치고 싶지만 그럴 수도 없었다. 우리의 운명은 어떻게 되는 걸까?

여긴 어딜까? 비닐봉지 안에만 있던 우리는 수돗물이라는 소독 냄새가 나는 물속에 빠졌다. 숨이 막혀온다. 짜디짠 바닷물이 그리워진다. 한참을 수돗물에 목욕시키더니 아! 그리운 소금물에 우릴 담근다. 그러면서 인간은 해감을 잘하라고 검정 봉지로 다라이를 덮어 준다. 몸속에 스며들었던 수돗물도 토해낸다. 뻘 속에 있던 미생물도 소금물에 토해내니 마음도 몸도 깨끗해지는 기분이랄까? 참 좋다.

슬금슬금 운동을 시작한다. 조금씩 조금씩 물과 멀어지더니 까만 비닐봉지 사이로 조그마한 틈이 보인다. 살짝이 밀고 올라

왔다. 어 또 내리막길이구나. 조심조심 내려오다가 '쿵' 하고 떨어지고 말았다. 식탁 밑에는 의자라는 것이 있는데 올라갈 엄두가 나지 않는다. 너무 높다. 어떻게 할까? 망설이고 있는데, 어! 인간이 또 나타났다. 나를 힘들이지 않고 주워서 소금물에 다시 넣어둔다. 여기저기 나처럼 비닐봉지의 틈을 본 이들은 탈출을 시도하지만 나는 포기하고 숨을 고르고 있다. 또다시 잡혀 올 것이고 아니 탈출해도 이곳에서는 갈 곳이 없다. 다음엔 무엇을 하려고 할까? 인간의 발소리가 한 번씩 날 때마다 불안하기도 하고 호기심이 일기도 한다.

그렇게 이틀 밤을 꼬박 새웠다. 아무 일도 일어나지 않았다. 간간이 인간이 와서 집 나간 친구들을 데리고 와서 나처럼 담가두고 갈 뿐 그냥 조용한 시간을 보냈다. 여기서는 먹이도 없고 내장 속에 있는 불순물도 빠지고 이젠 힘도 없다.

삼 일째 되는 날, 인간은 우리를 다라이에서 건지더니 더 작은 다라이로 옮긴다. 그리고는 소금을 덮어 준다. 소금과 내 껍질은 서로 부딪치며 내 껍질에 있는 선명한 줄도 보여준다. 깨끗한 목욕을 하고 나니 개운하다. 냄비라는 곳으로 옮긴 우리는 따뜻한 물속에서 조용히 잠이 들었다.

(2020. 8.)

원룸살이

 시골에서 태어난 나는 아파트를 구경하지 못하다가 중학교를 서울로 가면서 주거의 공간이 여러 가지란 걸 알게 되었다. 우리 집 같은 마당이 넓디넓은 한옥이 있는 반면에 한 라인이 마을을 이룬 것처럼 사람이 많이 거주하는 아파트가 있고, 독신 인구가 늘어나면서 원룸이라는 형태의 주거공간이 있다는 것도 알았다. 결혼하고도 갑갑하다는 이유로 주택만 고집하던 나는 어쩔 수 없이 원룸살이를 하게 되었다.
 8월부터 살던 집을 허물고 신축을 하는데, 전세는 2년을 계약해야 하고, 월세는 보증금을 걸고 일 년을 계약해야 하니, 갈 곳이 없어서 선택한 곳이 원룸이다. 처음에는 낯선 공간이 주는 자유로움이 좋았다. 방이 대학교 앞에 있어서 방학 중이라 텅 비어 있다는 것도 한몫했다고 해야 할까? 아무튼, 처음 원룸은 나쁘지 않았다. 옆지기는 원룸이나 아파트 등 공동주택에 살아보는 것이 로망이라며 좋아했다.

  9월이 되면서 얘기가 달라진다. 조용하기만 하던 원룸에는 개학을 맞은 학생들이 다시 돌아온 것이다. 시도 때도 없이 쿵쾅거리는 소리와 새벽 2시에 울리는 세탁기 소리는 낯선 칼날이었다. 왜 층간 소음으로 다툼이 나는지 피부로 느끼면서 피곤한 몸을 누이곤 했다. 또 다른 문제는 단독이라 시원하게 나오는 물줄기가 시원찮다는 것이다. 공동으로 서로 나눠 써야 하니 그러려니 하면서도 속이 답답하다. 물론 장점도 있다. 현관문 여닫는 소리가 쿵 하고 천둥소리가 나도 무신경으로 대처하니 그 소리도 들을 만하다는 하심(下心)을 배우게 된 것이다.

  오늘 아침의 일이다. 웬만하면 집에서 밥을 해 먹는데, 요즈음은 신축현장에 살다 보니 집안 살림은 엉망이다. 거기다가 짐들이 뿔뿔이 흩어져 있으니 반찬 하나를 하려고 해도 없는 게 너무 많다. 그래서 어제저녁에 감자탕과 반찬도 몇 가지 사왔다. 음식을 안 해 먹으니 음식물 처리가 어중간하다. 마지못해 쌓인 쓰레기는 현장에 와서 처리한다. 아침에 감자탕에 밥을 먹는데 뼈다귀가 나온다. 다 먹으면 상관없는데 어중간히 남은 뼈다귀. 남편은 그대로 두고 저녁에 먹을 때 뜯으면 된다고 하지만 그 음식 찌꺼기는? 뼈다귀를 다 뜯었다. 왜 그러느냐는 남편의 말에 원룸 사는 노하우라고 했다. 깔끔하게 정리하지 않으면 냄새가 집에, 옷에 밴다고. 거기다가 쌓인 쓰레기 처리가 문제라고. 요령만 배운단다. 그래 삶을 터득한 거라고 우겨도 본다.

두 달을 계획했던 원룸살이는 어느덧 석 달을 훌쩍 넘겼다. 옆지기는 처음에는 누구 집에 숟가락이 몇 개인지 알던 시골살이에서 해방되었다고 좋아하더니 이제는 감옥살이하는 기분이란다. 나 역시 답답하기는 매한가지다. 창문만 열면 보이는 나무며 꽃들이 사라지고, 삭막한 콘크리트 벽면에다가 남향집에서 살던 사람이 북향집에 살고 있으니 빨래도 안 마르는 것 같고, 어느새 불만투성이가 되어버렸다. 처음에는 좋았지만 내 손에 없는 것만 그리워하다 막상 내 손에 들어오니 아무것도 아니라는 말처럼 답답한 원룸보다는 초가삼간이라도 내 시골집이 최고의 공간이더라.

(2022. 10. 15)

2

달의 인생

나 어릴 적엔

초등학교 2학년. 우리 담임선생님은 폐병 환자였다. 항상 기침하면서 수업은 안 하시고, 칠판 밑에 교단에 누워서 잠만 주무신다. 어린 철부지들은 학교에 가면 자습이란 걸 하면서 오전을 보냈다. 그때는 자습이 뭔지도 모르고 그냥 친구들이랑 노는 재미로 학교를 다녔다. 어느 누구 한 사람도 선생이 잠만 잔다고 지적하는 사람이 없었다.

둘째 시간이 되면 선생이 이뻐하는 친구한테 가게에 가서 라면을 사 오라고 시킨다. 그럼 친구는 교문 밖에 있는 문방구로 가서 라면을 끓여왔다. 라면 향이 교실에 번진다. 배고픈 시절에, 그 냄새는 선생의 손만 바라보게 했다. 어찌 국물이라도 얻어먹고 싶은 마음에 쳐다보고 있는 어린 꼬마들을 선생은 한 번 휙 쳐다보며 그날의 당첨자를 뽑는다.(선생은 약을 먹어서인지 병을 옮기지는 않았다) 당첨자는 으스대며 선생이 남긴 국물을 소리 내어 마시곤 했다. 그 영광(?)은 심부름하는 그 친구가 가장 많이 받았다. 우린 또 그 친구가 얄밉다고 트집을 잡곤 했다. 그런 시간은 잘도 흘러 우리는 3학년이 되었다.

시골 조그마한 학교라 그 반은 그대로 3학년이 되었고, 젊은 선생님이 담임이 되었다. 첫 수업을 하시곤 깜짝 놀라셨다. 기본 중의 기본인 산수의 구구단을 아는 이가 하나도 없었기 때문이다. 아니 2학년 전 과정이 사라져 버린 것이다. 3학년 수업 하시면서 틈틈이 2학년 수업을 병행했지만, 문제는 구구단.

우리 반은 도시락을 쌌다. 4학년이 되어야 오후 수업을 하는데 이례적인 일이 생긴 것이다. 오전에 3학년 수업을 하고. 점심시간에는 구구단을 외우고, 5교시가 되면 구구단을 외운 순서대로 집으로 보내 주었다.

나는 외우는 걸 잘하는 편이다. 몇 명에 포함되어 항상 먼저 나오곤 했다. 하지만 학교에서 집까지는 십리 길. 열 살짜리 꼬마가 혼자 가기에는 너무 먼 길이었다. 1시간이 지나도 동리 친구들은 나오지를 않는다. 또 1시간을 기다리면 그때야 한 명

나오면 같이 가곤 했다. 아니면 누구라도 먼저 나오는 친구가 있으면 가까운 동네까지 같이 가곤 했었다.

하지만 젊은 선생님은 1학기만 수업하시고 가셔야 한다고 하셨다. 항상 다정하셨던 선생님이 가신다는 소리에 눈물 많은 꼬마들은 버스를 잡으면 못 가신다고 버스 앞에서 울고 있었다. 버스 기사 아저씨는 고래고래 소리를 치는데 서러움에 비킬 줄 모르고 첫 이별을 경험했다. 그렇게 선생님은 우리 곁을 떠나셨다.

2학기가 되어서 새로운 담임이 오셨다. 이제 대학을 갓 졸업한 젊은 여선생님이었다. 전임 선생님께 들으신 게 없는지 우리는 다시 도시락과 헤어졌다. 하루는 수업 중에 2학년 때 무얼 했는지 물으셨고, 우리는 이구동성으로 놀았다고 했다. 선생님은 그제야 우리가 그 피해자란 걸 아셨나 보다. 2학년 그때 그 선생님이 선생님의 아버지시고, 지금은 돌아가셨다고 했다. 우리는 죽음이 무엇인지 몰랐다. 어디로 돌아가신 것일까? 1학기 때 선생님처럼 집으로 돌아가신 것일까?

선생님께서는 우리가 수업이 힘들다고 아우성을 쳐도, 그러든지 말든지 하나라도 더 밀어 넣으려고 열심히 가르쳐 주셨다. 그렇게 무사히 4학년이 되었다.

지금은 교권이 바닥을 치고 있는 시대다. 나 어릴 적에만 해도 부모님과 스승님은 동격이라고 생각했다. 부모님들이 무심해서가 아니라, 자식을 학교를 보내면 선생을 찾아가서 따지기보다는 믿고 맡겼다. 물론 우리 때도 치맛바람은 거셌다. 우리 아이 잘 봐 달라고 귀하디귀한 계란을 보내는 부모도 있었고, 우리 동네는 바닷가라 김을 해서 보내는 부모도 있었다. 하지만 그건 뇌물이라고 하기보다는 하나의 정이었다. 정을 드리면서 부모님들은 '우리아 사람 맹글람은 때림시로 해야 안 되것습니꺼. 많이 맞더라도 사람만 맹글어 주시오.' 하던 부모님이 생각난다. 지금 갔으면 바로 경찰에 구속될 사건이지만.

씁쓸하다. 아이들이 다 자라서 학교와는 거리가 멀어졌지만 나는 약간의 체벌은 존재해야 한다고 생각한다. 처음에 딸애를 유치원에 보내고 걱정이 많았다. 등원은 잘했는지, 친구들과는 잘 지내는지, 선생님 말씀은 잘 듣고 있는지. 모든 부모 마음이 다 그렇지 않을까 싶다. 그때 유치원 원장님이 물어보셨다. 체벌을 어떻게 생각하시냐고? 괜찮다고 말씀드렸다. 유치원에서는 선생님이 부모 아니냐고.

어린 날 한 학년을 송두리째 잊어버려도 살아가다 보니 그리 나쁜 것만은 아니더라. 세상사가 어디 나 혼자 잘나서 살아지던가? 더불어 사는 것을 배웠으면 하는 마음이다.

(2022. 8. 5)

달라진 풍경

 올해도 어김없이 김장철이 돌아왔다. 언제부턴가 사람들은 김치를 안 담는다는 말을 입버릇처럼 한다. 또 어떤 이는 남한테 한 통씩 얻어먹으면 된다고 한다. 하지만 사람들은 대부분 김장을 해 두어야 일 년이 든든하다고 말한다. 나 역시 김장해서 두고두고 먹어야 마음이 편하다.

 구월에 팔꿈치가 부러졌다. 깁스했는데 이제는 나이 탓을 하면서 육 주가 지나야 깁스를 푼다고 하니 갑갑했다. 거기다가 보조기를 또 육 주를 차야 한다는 것이 아닌가. 김장철은 다가오는데 난 김장을 할 수 없는 처지가 되어 버린 것이다.

 우리 집은 친정에 모여 오 남매가 같이 김장을 한다. 먼저 혼자 집에 가서 밭에서부터 뽑고, 배추를 절이고 물 빼고, 고추 다듬고, 마늘 까고, 양념은 엄마랑 둘이서 일주일 준비한다. 그러면 토요일 맞춰서 나머지 형제들은 김치통과 함께 모인다. 마당에는 절인 배추가 산더미를 이루고, 김장에 들어가는 부재료들은 여기저기 널려 있는데, 꼬맹이 조카들은 뛰어다니느라 정신이 없다. 한바탕 전쟁을 치르고 나면 어느덧 해는 뉘엿뉘엿 넘어가고 들고 왔던 통마다 가득가득 김치가 채워진다.

그런데, 이번 연도는 그 풍경이 달라질 것 같다. 내 팔도 문제지만, 우선 코로나19로 인하여 형제들이 모일 수 있을지가 의문이다. 전국 각지에 사는 동생들은 서로 감염자가 되지 않기 위해 몸을 사려야 하고, 그 여파로 삼백 포기의 김치를 담글 사람이 없어진 것이다. 처음 대안으로 절인 배추를 택배로 보내자는 얘기가 나왔다. 각자 알아서 하자고. 동생댁들은 김치를 안 먹겠다고 한다. 겁이 덜컥 난 거겠지. 밭에는 김장용 배추와 무가 무럭무럭 자라고 있는데 안 담그자니 그렇고, 담자니 난감한 상황이 벌어진 것이다. 이러지도 저러지도 못하는 상황에서 김장 날은 잡아 놓고 추후를 지켜보고 있다.

코로나19는 오늘도 기승을 부리고 있다. 확진자는 속출하고 있고, 사람을 만나는 것 자체가 죄인이 되는 이 사태가 빨리

종식되지 않는다면 우리의 김장철 문화도 사라지지 않을까 하는 생각을 해 보게 된다.

(2020. 11. 23)

대나무 발걸이

다리가 엄청 아프다. 찌릿찌릿하고, 서 있는 것조차 힘들다. 어제 산에 다녀온 후유증인가? 아니면 요즘 허리가 아파서 파스를 붙이고 사는데 그 영향으로 이렇게 아픈 걸까? 갑자기 짜증이 확 올라온다. 하지만 하루도 쉴 수 없는 가정주부라 그냥 살 수 있나. 설거지도 해야 하고, 빨래도 하고, 청소도 해야 하는데. 다른 것은 움직이면서 하니 그런대로 하겠건만 가만히 서서 해야 하는 설거지가 문제다.

왜 이리 쌓여 있단 말인가? 어제 아침 등산 간다고 이것저것 장만하고는 시간이 없다는 핑계로 도망을 갔다. 그리고는 저녁에는 피곤하다는 핑계로 쳐다보지도 않았으니 아침 상황을 보고는 헛웃음이 나왔다. 가스레인지 위에 널브러져 있는 냄비며, 설거지통에 담겨 있는 식기들, 그리고 산에서 다시 내려온 찬통들. 뜨거운 물을 받아 퐁퐁을 풀고 설거지를 하려는데 찌릿찌릿.

다리의 통증이 시작된다. 얼른 고무장갑을 벗고 다리를 주무른다. 쥐가 내린 것도 아니고 예리한 고통은 짜증 나는 아픔이다. 그때 친정아버지가 만들어 주신 대나무 발걸이가 생각났다. 싱크대 밑에 누워있던 대나무는 방긋이 웃으며 내 발을 받아 올려준다. 통증이 잦아진다. 편하다

몇 년 전이다. 순천에 한때 대나무 발걸이가 유행했었다. 나 역시 그게 갖고 싶어서 친정아버지께 말씀드렸다. 친정에는 넓은 대나무밭이 있었으니 대나무 구하는 일은 아무것도 아니다.

"아빠! 나도 다리 올리게 대나무 하나 잘라주지?"

"순천 사람들은 이상허더라. 뭐들라고 그런 걸 만드는지. 좀 있음 필요 없다고 다 버릴 거면서 쯧쯧쯧."

"그래도 한쪽 다리라도 올리고 있음 안 괜찮을까? 다리도 아픈디."

"짐만 되고 암짝에도 쓸모가 없을 건디."

그리고는 밖으로 나가셨다. 추운 겨울인데 어딜 가시는가 했는데 밖에서 톱질 소리가 쓱싹쓱싹 들린다. 뜨끈한 방에서 엄

마랑 도란도란 얘기를 나누고 있는데 잠잠해진 톱질 소리에 이어 방문을 열고는 "이만한 크기면 되것냐?" "응." 아버지는 그렇게 대나무 발걸이를 만들어 주셨다. 무심한 척해도 다정다감한 울 아버지.

  오늘 아침 그 쓸모를 보면서 아버지의 사랑을 느낀다. 말씀은 무뚝뚝하게 하셔도 자식들의 일이라면 추운 겨울에도 대를 찌러 가시는 게 아버지다. 또 그것을 바로 쓰면 안 된다며 그늘에서 말려서 쓰라며 일러주신다. 아니 말려서 주신다는 걸 그냥 가지고 왔다. 발 다칠까 봐 잘 다듬어서 반질반질하게 만들어진 내 발걸이. 지금도 내 발아래에서 다리 하나를 받쳐주고 있는 대나무를 보면서 항상 자식을 받쳐주기만 한 부모님의 사랑을 되새김질한다. 나도 내 자식에게도 부끄럽지 않은 부모가 되도록 노력해 보겠다고 다짐한다.

물의 연가

나는 물을 좋아한다. 친정이 강가라 어릴 적에는 물속에서 재첩도 잡으면서 살았다. 하지만 나는 물속에 들어가서 가슴께쯤 물이 차오르면 숨도 못 쉬고, 그대로 물속으로 빨려들어 간다.

몇 년 전, 친구가 계곡에서 나를 물속으로 밀어 넣었는데 안 나와서 들어가 보니 가만히 있더란다. 끌어 올리느라 수영을 잘한다고 자부하는 본인이 물을 많이 먹었다며 지금도 너스레를 떤다. 다른 사람 같으면 살려달라고 발버둥을 쳤을 텐데 물속에서 꼼짝도 못 하는 모습이 이상했다고 한다. 그것도 물가에서 살던 친구라서 더 이상했단다. 나도 그게 이상하기는 했다. 물과 가까이 살았는데도 수영은 엄두도 못 내고 물속에서는 다리도 움직이지 못하고 그냥 가만히 있는 내가 우습기도 했다.

하루 엄마랑 이런저런 이야기를 하다가 물에 대한 얘기가 나왔다.

"엄마! 친구들이 날 보고 이상허다고 허대."

"왜? 뭐가 이상허다고?"

"물 속에 들어가믄 안 나온다고."

"…"

"저번에 친구들이랑 계곡을 갔는디 일부러 친구가 물속에 넣어거든. 근디 몸이 움직이질 않는 거여. 그래 친구가 깜짝 놀래서 끌고 나오니라고 고생했담서, 담에는 물속에 안 넣는다고 허드만. 왜 있잖은가? 넘들은 발버둥을 치는디 그럼 물 위로 뜨는디 나는 꼼짝도 안 허드라그만."

"애기 때라 기억 못 헐 줄 알았드만 몸이 기억을 허는갑다잉"

"뭘? 무슨 일 있었능가?"

"니가 애기 땐께 벌써 몇십 년이 지난 얘기네잉. 엄마가 시집와서 누구 할매가 얼매나 시집살이를 시키는지 살 수가 있이야제. 허구헌날 밭으로 논으로 부석(부엌)으로 돌아댕기도 누구

할매 눈에는 안 찼던 모양이제. 누구 아부지는 누구 아부지대로 바쁘고. 어느 날 밤이었제. 인자는 뭐땜시 그랬는가 몰것다만은 그날도 누가 계모 아니랄까 봐 나가라고 소리를 지르는디 집에 있을 수가 있어야제. 니를 데꼬 나오기는 했는데, 딴 때 같음 윗집이라도 갈건디 그날은 그것도 싫고 비참허기까지 안 했것냐? 이렇게는 못 살겄드만. 그래서 니를 안고 갱물로 안 들어섰냐. 가슴께쯤 물이 차오른께 니는 죽것다고 울고불고 난린디 나는 그만 살기 싫더라고. 근다고 니를 놔두믄 천덕꾸러기가 될 건 뻔하고. 그래 델꼬 안 갔냐?"

"…"

"한참을 들어섰을까. 니가 잠잠해지는가 싶드만, 물속에서 하얀 소복을 입은 사람이 나타나는 거여. 당신 누구요? 안 물었것냐?"

"통도 크네. 안 무섭던가? 그걸 물어보게."

"긍께로잉. 나도 모르게 안 물어봤냐?"

"누구라고 허든가?"

"나가 누구 진짜 시에미다. 안 그냐."

"진짜 친할매여?"

"모르지 엄마도 안 봤응께. 하여튼 그러면서 그러대. '니 죽어블믄 우리 아들은 어찌 살꺼냐? 니가 우리 집 기둥인께 인자 들어가서 잘 살아라. 니 고생하는 거 내가 다 안다.' 그럼서 나를 미는 거여. 그때 정신이 퍼뜩 들드만. 그래 놓고 본께 숨도 못 쉬고 있는 니가 보인 거여. 얼른 데꼬 안 나왔냐. 그때부턴가 물속에는 들어가는디 넘들은 개헤엄도 치드만은 니는 꼼짝도 안 허드만 지금도 근갑다잉."

"엄마는 왜 죽을라고 그랬당가? 할매가 괴롭힌 게 어제 오늘 일도 아니었구만"

"긍께 말이다. 그게 누구 친할매를 볼라고 그랬는갑다."

엄마는 그렇게 말씀하셨지만, 어린 나이에 시집와서 얼마나 힘들었으면 그런 선택을 하시려고 했을까 하는 생각도 들었다. 유난했던 우리 할머니. 큰딸인 나는 시집살이에 울며 쫓겨나던 엄마의 모습이 선하지만, 동생들도 모르는 이야기일 거란 생각이 든다.

아! 이런 이유가 있었구나. 그래서 마음으로는 그리워하는 물이지만 어릴 적 기억으로 트라우마가 생겨서 몸은 그대로 굳어버렸던 것이구나. 물에 대한 내 슬픈 사랑의 시작이 알려지는 날이었다.

(2022. 1. 25)

동짓날

시간은 빨리도 지나간다. 벌써 2021년 마지막이 다가온다. 어제가 동지란다. 동네 언니랑 팥죽을 쑤기로 했다. 팥을 삶아 놓고 찹쌀가루와 멥쌀가루를 섞어서 새알심을 만들어 이웃 언니들과 나눔의 시간을 가졌다. 언제부턴가 집에서 죽을 쑤기보다는 사서 먹는 일이 많았다. 무슨 의미를 지녔는지도 모르는 채 동짓날이면 으레 먹어야 하는 것으로 생각했다.

어릴 적 친정엄마는 어떤 해는 많이 먹으라며 죽을 내줄 때도 있고, 아무리 기다려도 내어주지 않는 해도 있었다.

"엄마! 오늘 동지래. 왜 죽 안 줘."

"오늘은 애기동지라 죽 안 쒀."

"애기동지? 그게 뭔데?"

"…"

묵묵부답인 엄마는 더이상 말씀이 없으셨다.

"오늘이 중동지라 많이 먹으란다." 동네 언니 말에

"중동지는 뭐야?"

언니도 더이상 말이 없다. 애기동지란 말만 알고 있었지 무슨 동지가 이렇게 복잡하담. 믿을 수 있는 건 내 손에 있는 핸드폰. 열심히 검색을 했다. 여기저기 동지를 찾아 헤맸다. 그리고 그 의미를 찾았다.

동지는 세 가지 동지가 있었구나. 애동지, 중동지. 노동지라는 말을 가지고 있으며 음력 십일월 초순에 드는 동지는 애동지 또는 애기동지라고 하고, 중순경에 드는 동지는 중동지, 그믐 무렵에 드는 동지는 노동지라 불렀다고 한다. 아! 우리 선조들의 말솜씨는 깜짝깜짝 놀라게 하는 재주가 있으시다.

그럼 왜 애기동지는 팥죽을 쑤지 않을까? 그 의미가 놀라웠다. 추운 한겨울에 동지가 있으니 애동지 때는 아이들이 많이 죽고, 중동지는 청장년이 많이 죽고, 노동지는 노인들이 많이 죽는다는 속설이 있다고 한다. 팥이 붉은색이라 양색인 관계로 음귀를 쫓는 데 효과가 있다고 믿어와서 동짓날은 꼭 액맥이를 했던 것이다. 그런데 왜 애기동지는 먹으면 안 되느냐 하면 삼신 할매가 아이들이 열 살이 될 때까지는 돌봐주고 있는데 팥죽을 쑤면 귀신인 삼신 할매도 아이들 근처에 오지 못해 아기들의 건강을 지켜 줄 수가 없기 때문이란다.

  멋모르고 동지엔 죽을 먹고 한 살 더 먹는다고 좋아라 했던 모습이 떠오른다. 하나하나 의미를 두고 항상 가족의 안녕을 빌었던 선조의 고마움이 한층 더 생각나는 날이다. 자! 맘껏 팥죽을 먹자. 오늘은 허리가 휘도록 열심히 일하는 우리 청장년층을 위해!

(2021. 12. 23)

살아야지

남들은 다 맞는 코로나19백신 예방접종. 난 맞을 수가 없었다. 온갖 알레르기를 가지고 있던 나는 의사 선생님도 다음에 맞으라고 하시고, 나 역시 잔뜩 겁을 먹었다. 건강하던 친구 딸내미도 백신을 맞고 쓰러져서 사경을 헤매고 있으니 아나필락시스 쇼크까지 갔던 나는 더 겁을 먹을 수밖에.

문제가 생겼다. 정부지침이 백신을 안 맞으면 앞으로 사회생활도 힘들게 만들었다. 식당에도 네 명이 갈 경우, 한 명만 미접종자를 인정하는 식이다. 즉 네 명이 가면 한 명은 예방접종을 안 해도 괜찮다는 말이다. 점점 미접종자는 설 자리가 줄어들고 있었다. 다만 방역패스를 할 수 있다면 된다는 소리에 병원을 찾아갔다.

"선생님! 방역 패스를 만들려고 하는데 소견서 하나 써 주시면 안 될까요?"

"소견서는 써 드릴 수 있는데 안 될 겁니다."

"아니 왜요? 선생님도 불안하다고 나중에 맞자고도 하셨고."

"그건 환자분이 겁을 내셔서 그런 것이고요."

쿵! 심장이 내려앉는 소리가 들렸다. 이제 와서 어쩌라고. 소견서를 들고 보건소로 향했다. 보건소에서도 방역패스는 힘들 것 같다고 하면서 다른 병원에서 아나필락시스 서류를 떼서 오란다. 허탈했다.

다음 날 다른 병원을 찾았다. 의사 선생님은 알레르기 검사가 순천에는 없으니 광주 전대병원에 가서 알레르기 검사를 해서 오란다. 성가롤로병원으로 전화를 했다. 다행히도 호흡기 내과에서 알레르기 검사를 한다고 아침 여덟 시까지 접수하라고 하신다. 시간은 잘도 흐른다. 잠도 설치고 스트레스는 올라가고, 어떻게 해야 하나 고민도 많이 하면서 병원으로 달려갔다. 환자가 밀려서 열 한시 삼십 분이나 되어야 진료가 가능하단다. 그러면서 알레르기 검사한 적이 있으면 자료를 찾아오라고 해서. 다니던 병원으로 버스를 타고 갔다 오니, 열 시가 훌쩍 넘었다.

 잠깐 자리가 비었다고 의사 선생님을 만났다. 첫 마디가 "그냥 주사 맞으세요."였다. 난 또 구구절절 설명을 하면서 '이리저리해서 힘들다고 하던데요.'를 연발했고, 급기야는 '문제가 생기면 어떡해요?'라는 말까지 하게 되었다.

 "그건 당신 운명입니다. 누구도 장담할 수 없는 당신 운명. 죽으라면 죽어야지." "살자고 하는 일 아닌가요?" "그래도 맞으십시오." "어디서 맞아요?" 아무 병원에서나 맞으란 소리에 병원을 나왔다.

 그리고 다른 병원으로 갔다. 저번에 심한 알레르기 반응이 나서 응급실로 갔던 병원이다. 맞아야 사는구나 싶어 백신 접수를 했다. 한참을 기다려 상담을 하는데 의사 선생님은 "왜 우리 병원으로 왔어요? 다니시던 병원으로 가야지." "응급실에 온 기록이 여기에 있어서요." "그럼 내과로 돌려 드릴 테니 상담은 거기에서 하십시오." 다시 내과로 갔다. "왜 오셨어요?" 똑같은 내과 과장님의 물음에 똑같은 내 대답. "우리 병원은 힘들 것 같습니다. 다니시던 병원을 가시든지 아니면 광주로 가시는 게 좋을 듯합니다. 이 상태는 알레르기 종류가 너무 많고 다른 사람들보다 부작용 확률도 많을 듯하고."

난 그렇게 병원에서 내몰렸다. 자기 병원에 피해가 될까 봐 거부를 당한 거다. 막막하고 어떻게 해야 할지 눈물이 났다. 공원에 한참 있었다. 주사를 맞지 말까? 아니면 광주로 가야 하나? 한참을 고민하다가 전화를 돌렸다. 제일 큰 병원인 성가롤로에는 예방접종을 안 한다고 하고, 다니던 병원에서는 1차는 안 한다고 한다. 물론 이것도 거부의 표시다. 주민번호가 들어가니 자기네들도 겁을 먹은 것이다. 계속 퇴짜를 맞다 보니 면역이 생긴 걸까? 다시 병원으로 들어가서 응급실 차트를 복사했다.

그리고는 밥을 먹고 보건소로 갔다. 부딪쳐 보자. 불안하면 자기네도 방역 패스를 해 주든지 아니면 대학병원으로 보내든 무슨 수를 쓰겠지. 살짝 오기도 생긴다. 나도 살아야지. 살아봐야지. 보건소에서는 서류를 다 보시고는 "이 정도니 겁도 나겠네요. 그래도 맞아도 될 것 같습니다. 맞읍시다." "여기서요?" "네. 맞고 다른 사람들은 십오 분 대기하는데, 꼭 삼십 분은 대기하십시오." 젊은 의사는 시원하게 맞으라고 하신다. 그래 맞자.

아무것도 아니었다. 아픈 줄도 모르겠고 난 그렇게 1차 접종을 하고 대기실에서 한 시간을 버텼다. 이십 분이 지날 때부터 심장이 쪼이는 것 같고 살짝이 기침도 나오는데 이 정도도 못 버티는가 하는 생각이 들었다. 차츰 가라앉고 병원을 나왔다. 그리고 집으로 돌아오는 길에 긴장이 풀렸는지 살짝 잠이 들었다. 흔들리는 버스 안에서 이리쿵저리쿵하면서 살아있는 기쁨에 아픈 줄도 몰랐다.

  오늘 하루, 긴장감의 연속이었고 배신감의 하루였고, 조마조마한 시간을 보냈다. 더러는 나 같은 경우도 있을 것이다. 갈수록 늘어나는 알레르기 환자들은 있고, 코로나19 같은 병은 계속 생길 것인데 그럴 때마다 이렇게 힘들게 백신과의 싸움을 한다면 어떻게 할 것인가? 누구를 탓할 수 없는 오늘 하루가 지나가면서 그래 살아보자를 연거푸 외친다. 그래! 힘든 세상 힘겹게라도 살아보자.

(2021. 12. 16)

시댁과 친정

스무 살 갓 넘어서 한 사람을 만났다. 사람들과 어울려 다니는 걸 좋아하다 보니 이 사람 저 사람과 많이 만났다. 어느새 그 사람과 나는 커플이 되어 있었고, 그렇게 이른 나이에 결혼이라는 걸 하게 되었다.

사람의 마음이란 다 같은 부모인데도 친정 부모는 편한 반면에 시부모님은 어려웠다. 하지만 순천에 살고 있는 나는 광양 집에 가는 일에 엄두를 내지 못했다. 당시에는 종이 기저귀가 너무 비싸서 천 기저귀를 사용했으니, 짐보따리는 크기를 자랑할 정도였다. 분유통과 젖병에 하루 쓰는 천 기저귀까지 또 갈아 입혀야 하는 옷가지들.

하루는 엄마가 너무 보고팠다. 그래서 집채만 한 가방 하나를 들고 아이 한 명 들쳐업고 시내버스를 타고 다시 시외버스를 타고 옥곡에 내렸다. 여기서는 몇 가구 살지 않는 친정까지 들어가는 버스가 없다. 택시를 타고 친정 동네에 내렸다. 논에서 일하시던 아빠는 '아이구야~ 애가 어린 나이에 시집가드만 쫓겨났는갑다.' 가슴이 철렁하더란다. 그래도 내색하지 않고 어찌 왔냐고 물으시니 그냥 보고 싶어서 왔다는 말밖에. 저녁에 남편이 데리러 와서 따라나서는 딸에게 아버지는 그러신다.

"친정에 오고 싶으면 시댁으로 가거라."

"친정 부모랑 시댁 부모는 다른디?"

"사람이 난 대로 가는 것은 아니다마는 그래도 느그 시부모가 연세가 있으신께 자주 찾아뵙는 게 안 낫것냐?"

그렇지. 시아버지와 친정아버지는 이십 년 차이가 나는 사돈지간이시다.

아버지 말씀에 나는 친정보다는 시댁으로 줄기차게 다녔다. 아이를 데리고 일주일에 세 번은 꼬박꼬박 들렀다. 이젠 요령도 생겨서 기저귀도 절반은 시댁에, 옷도 허드레로 쓸 것은 시댁으로 조금씩 분산하면서 여유를 부릴 수 있었다. 둘째가 태어나고 얼마 지나지 않아 시어머니가 편찮으셨다. 그렇게 누워서 이 년을 견디시다 홀연히 우리 곁을 떠나셨다.

　결혼 초에 학교만 다니다가 시집을 왔으니 할 줄 아는 게 없다고 아무것도 시키지 않으셨던 분. 시집와서 첫 생일이라고 당신 손으로 미역국을 끓여 주셨던 분. 며느리가 아니라 딸 같다고 살뜰히 챙겨주시던 어머니는 그렇게 자취를 감추고 마셨다. 홀로 남은 시아버지도 이 년 남짓 혼자 사시다가 어머니를 따라가셨다. 언제는 어른처럼, 언제는 친구처럼, 며느리가 아니라 딸이라고 누군가 한 말씀이라도 하시면 입꼬리가 귀에 걸리곤 했던 시아버지도 내 곁을 떠났다. 결혼하고 십 년 만에 부모를 다 여읜 남편은 얼마나 힘들었을까?

　친정아버지 말씀처럼 십 년 가까운 세월을 시댁으로 달려가다 보니 많은 추억을 가슴에 담았다. 시어머니와 마루에 앉아서 감나무의 감을 따다가 한 자리에서 서른 개나 까먹었던 일이며, 남편이랑 큰어머니 두 분과 당숙모랑 나들이 간 자리에서 술 한잔하라며 따라주던 시어머니의 소주. 남편이 늦게 들어오는 날이면 옆에 오셔서 도란도란 얘기하시던 모습. 남편은 그런다. "아들이 다섯 명이나 되지만 가장 많은 추억을 가진 사람이 당신일 거야."

　친정아버지도 얼마나 딸이 보고 싶으셨을까? 그래도 당신이

양보하신 덕에 시부모님과는 짧지만 강렬한 추억들을 남기게 되었다. 벌써 삼십 년 전 일이다. 그때처럼은 아니더라도 친정에는 자주 가야 할 것 같다. 자식들이 자라고 보니 자주 찾아뵙는 것이 가장 큰 효도라는 생각을 하게 된다. 항상 다른 사람을 배려하는 친정아버지. 그런 아버지를 나는 세상에서 가장 존경한다. 차마 만나면 못 하는 말 "아빠! 사랑합니다."

(2022. 6. 15)

종기

여름이면 내 엉덩이에는 종기가 잘 생긴다. 아프기도 하고 앉아 있기도 불편하고. 딱딱한 것이 성질은 지랄맞게도 잘 낸다. 그러니 여름이 웬수가 따로 없다. 더워서 혼나는데 숨 쉬는 게 불편하니 이중삼중의 고통인데 이놈의 종기라니. 그야말로 여름 없는 세상에서 살고 싶은 마음 굴뚝 같더라.

가만 생각해 보면 이 종기라는 것도 어느새 내 몸 일부가 되어 버렸다. 어릴 적 몸이 좋지 않았던 나는 시골구석에서 살아난 것이 기적이라고 할 수 있다. 그 기적을 만들어 낸 분이 우리 아버지다. 병원은 멀고, 보건소도 십리 길을 가야 하니 응급 상황에서 쓰라며 보건소장은 아버지에게 주사약을 주셨다. 지금 생각하면 알레르기 약인 것 같은데 주사로 챙겨 주시면서 주사 놓는 법과 부위까지 아버지께 가르쳐 주셨다.

하지만 아버지는 당신 딸의 작은 엉덩이에 주사를 꽂지 못했다. 주사 한 방이 하반신 마비가 될 수 있다고 딱 그 부위에만 놔야 한다고 겁을 준 데다가 딸이라는 존재가 부담감으로 작용하셨을 테니까. 몸이 안 좋은 날은 호흡곤란이 왔고, 아버지는 업고 뛰어 보건소로 가면 기진맥진한 딸을 위해 하루는 주사를 놓았다. 사르르 잠든 딸을 바라보며 한숨을 쉬었을 아버지. 그 이후로 응급 시에는 아버지의 주사가 기다리고 있었다.

몇 년이 흘렀다. 성인이 되어 응급실에서 주사를 맞고 집으로 왔는데 그때부터 딴딴한 뭔가가 손에 잡히더니 급기야는 주사를 맞을 때마다 살며시 고개를 내미는 종기라는 녀석. 아마도 어릴 때부터 맞아왔던 주사의 영향이리라. 지금도 주사는 되도록 안 맞는다. 조금 더디 가더라도 근육 주사는 피하는 편이다. 그런다고 종기가 안 생기는 건 아니지만 조금이라도 피해 보고 싶은 마음이리라. 종기. 그 작은 것 하나에도 아버지의 사랑 없이는 이 세상에 아직 내가 살아있는 기적은 없었을 것이다.

(2022. 7. 14)

가을

아스라이 멀어져 가는 기차 소리. 그 기차 소리를 나는 체육관 모퉁이에서 듣고 있었다. 고3 삶의 의미도 살고자 하는 의지도 없는 가을날. 딱 이맘때였을 것이다. 살아간다는 것이 힘들었고, 살아진다는 무의미 속에서 한참 방황하고 있었다. 그 방황 속에서 자살하고 싶다는 생각이 짙었다. 하루가 다르게 쇠약해지는 마음과 고뇌하는 정신. 다른 사람에게 가을은 낭만의 계절이요, 사랑의 계절이건만 떨어지는 빗방울에도 나의 볼을 타고 내리는 것은 눈물이었다.

그때 우리 교실은 야자(야간 자율학습) 시간이었다. 너무 피곤했다. 양호실은 문을 닫았고 체육관 매트가 생각나 체육관으로 향했다. 매트를 깔고 잠이 드는데 아련한 기차 소리가 자장가처럼 들렸다. 진짜 맛있게 잤다. 어둠이 내리던 거리는 고개를 숙였고, 짙은 밤 빛 속에 눈을 비비고 일어났다. 교실로 향했다. 어! 아무도 없다. 모두 아련한 추억 속으로 잠겨 버렸나? 그때 하나둘 들어오는 친구들. 날 쳐다보며 귀신이나 본 것처럼 놀란다.

"선생님! 외순이 여기 있어요. 선생님!" "무슨 일이야?" 얘긴즉슨 한참 예민하게 굴던 내가 야자 시간에 들어오지 않자, 선생님은 걱정을 많이 하셨던 모양이다. 시간이 한참 지났는데도 나타나지 않고 때마침 울려 퍼진 기차 소리. 아차 싶었던 선생님은 친구들과 흩어져 날 찾기 시작했다고 한다. 제일 먼저 역사로 달려가신 선생님은 안도의 한숨을 내 쉬었고, 학교 곳곳을 찾아봐도 보이지 않아 실종 신고라도 해야 하지 않느냐고 하셨단다. 학교를 다 뒤져도 체육관을 생각한 사람은 아무도 없었단다. 체육 시간이면 픽픽 쓰러져서 밖에서 하는 수업은 나가지도 못하는 친구가 제 발로 체육관을 찾을 거라고는 생각을 못했단다.

얼른 선생님을 찾았다. 학교 교문으로 들어오는 그림자. 빨간 담배 불빛 그리고 우수에 젖은 눈동자 "선생님!" "…." 그 자리에 멈췄다. 조용히 감싸 안아주던 그 손길 "괜찮다. 괜찮아 이렇게 우리 곁에 있으면 된다." 선생님의 떨리던 목소리. 그 가을 더 이상의 방황도 더 이상의 외로움도 없었다. 나에게 사랑을 가르쳐 주신 선생님과 친구들이 곁에 있었기에 나는 살아야 했고 극복해야 했다.

다음 날 가을 소풍 가기 위해 운동장에 모인 우리들. 선생님이 안 보이신다. 운동장은 술렁거리고 어제저녁 어떤 선생님이 학생을 안아주었다고 소문이 나서 교무실에서는 회의가 한창이었다. 이유가 중요한 것이 아니라 결과가 중요한 상황에서 끝끝내 선생님은 학생 이름을 말하지 않고 그 수모를 홀로 다 겪으셨다고 했다. 어찌어찌 소풍을 다녀왔고 일상으로 돌아간 나는 남은 시간 공부에 전념했다. 내 남은 미래를 위해.

가을. 난 가을 하면, 고3 아파했으므로 행복했던 그때가 떠오른다.

이제는 중년이 되어 있는 그들. 그들을 만나서 한 잔의 술로 그 가을의 추억이라도 되새김질 해봐야겠다.

(2016.)

추억 소환

　우리 오 남매는 일 년이면 열 번을 모일 정도로 자주 모이는 편이다. 세어 보자면 설날이 먼저요, 두 번째가 정월에 있는 아버지 생신이고, 오월이면 모판 작업, 유월엔 매실 따기, 팔월이면 여름휴가, 구월이면 추석, 시월이면 추수와 감 따기, 그리고 십이월에는 김장과 함께 엄마 생신. 이렇게 자주 모이는 사람들이 코로나19로 인하여 간간이 소식만 전할 뿐 만날 기회가 없어져 버렸다.
　각자 시간 되는 사람이 부모님 댁으로 가는 방식으로, 거리두기 때문에 겹치지 않고 서로 조율해서 움직이는 것도 벌써 두 해째가 되어간다. 얼른 백신이라도 맞아서 얼굴이라도 볼 수 있는 세상이 되었으면 좋겠다.

연중 두 번째 만나야 할 시기가 되었다. 아버지 생신. 지그재그로 움직이자는 얘기가 있었는데 어쩌다 보니 아니 사인이 안 맞은 건지 둘째 남동생네와 우리 집이 함께 친정으로 모이게 되었다. 식당도 오인 이상 집합금지이니 갈 수가 없고. 이럴 때 난감하다는 표현을 쓰겠지. 동생 내외가 부모님을 모시고 식사하러 떠났다. 한 시간 후에 남편과 나는 그 식당으로 가서 같이 바람 쐬러 가기로 했다. 광양시 태인동에 이르러 나는 '김 시식지'를 추천했다.

김 시식지는 광양제철이 들어서기 전에 김 즉 해의를 재배하고 수확하는 과정을 모아 놓은 곳이다. 김여익이라는 분이 가장 먼저 발견했으며 그의 성을 따서 김이라고 불렀다고 한다. 내용을 보면 영암에서 도망 온 김여익은 바닷가에 산책을 나갔다가 작대기에 걸려있는 해초를 가져와서 말렸더니 맛이 좋아서 하동장에 팔았다고 한다.

사람들은 이름을 알 수 없는 해초가 맛은 있는데 뭐라고 부를 수가 없어 김 씨가 파는 물건이라 하여 짐(김의 사투리)이라고 불렀다는 설과 임금에게 올린 광양 진상품에 김이 있었는데 역시 이름이 없으니 임금님이 재배자의 성을 따서 김이라고 했다는 설도 있다.

　엄마랑 아빠도 과거 소환을 하면서 힘들었지만 젊었던 그때를 이야기하셨다. 산죽으로 섶을 만들고, 바다에 가져다 꽂고, 물때를 맞춰서 뜨고 다시 집으로 와서 씻고, 새벽녘이면 일어나서 뜨고 다시 바다로 가시면 다음에는 남은 식구들 몫이었다. 할아버지 지휘하에 뜬 김을 널고 나면 오전 일은 끝나지만 좀 놀라치면 김 걷으러 가야 했다. 할아버지와 할머니는 김발에 있는 김을 떼고 어린 우리는 마른 김을 계속 걷어야 했다.

　어떨 때는 그 김 한 장을 몰래 숨겨서 김밥을 간식처럼 물고 다녔다. 아버지는 그 이야기를 하시면서 그래도 그때가 좋았다고 하신다. 동생은 잘 기억나지 않는 이야기라 하니 이런 유물관도 있어야 좋겠다는 생각을 했다. 하기야 1982년까지 우리 집은 김을 했으니 동생이 모를 수도 있겠구나 싶다.

　살랑살랑 봄바람이 분다. 김 시식지에서 좀 나오면 수변공원이 있다. 그 수변공원과 마주 보고 있는 배알도 섬으로 다리가 연결되어 있다. 배알도는 광양시 진월면 망덕리에 위치한 조그마한 섬으로 섬진강 하구에 위치에 있다. 과거에는 뱀섬으로 불렸으나, 망덕산(광양시 진월면 망덕리 외망마을에 있는 산) 정상의 천자봉조혈을 배알 하는 형국이라, 천자를 배알 하는 섬이라는 뜻에서 '배알도'라 이름 붙였다. 지금은 다리를 놓아 데이트코스로 관광지화하려는 듯싶다.

이제는 걷는 것도 힘드시다는 부모님은 벤치에 계신다고 하고 우리는 다리를 건너서 배알도로 갔다. 공사가 한창이다. 바다 한가운데 있으려니 쾌속정이 물살을 가르고 지나가며 그 틈새로 한가한 낚시꾼의 손길이 여유롭다. 멈춘 듯 흘러가는 소리 없는 물결이 잠시나마 삶의 여유로움을 준다. 아버지가 그러신다. 여태까지 앞만 보며 살아왔는데 이번에 아프고 났더니 삶처럼 허망한 게 없더라고. 당신 살아온 세월이 뜬구름 같았다는 말씀을 하시는데 갑자기 나 역시 먹먹해지는 느낌이 들었다.

오늘 하루 부모님과 가벼운 산책이라도 나왔지만, 시간 되면 자주자주 찾아 뵈어야겠다.

(2021. 3. 9)

치유 여행

 오월 가정의 날이 시작되는 날. 남편의 초등동창 모임 1박 2일이 며칠 남지 않은 날. 집에 혼자 있긴 죽기보다 싫은 그 날, 어디론가 떠나야만 할 것 같았다. 어제 중학교 동창 한 명을 하늘나라로 보내고 난 뒤끝이라 그랬을까 더 헛헛한 것 같다.
 연휴가 시작되는 4일 날 조용히 가방을 챙겨서 나왔다. 딱히 갈 곳이 정해져 있던 것이 아니라 달랑 가방 하나 등에 메고 시외버스 터미널로 향했다. 시간표를 보다가 '마산'이라는 글자에 나도 모르게 "마산 한 장이요." 그렇게 나는 마산행 버스를 탔다. 한참 달려 섬진강휴게소에서 멍한 얼굴의 나와 마주했다. 다시는 가고 싶지 않은 도시. 기다림에 아파하고, 기다림에 울어야 했던 그곳으로 지금 가고 있구나.

아주 어렸던 그때, 나는 마산 한 병원에 있었다. 엄마는 매일 아픈 딸을 고쳐 보려고 이 병원, 저 병원을 다녔지만, 차도도 없는 딸을 고쳐 보겠다는 의사 말에 그곳에 맡길 수밖에 없었다. 집에는 할아버지, 할머니, 그리고 나이 어린 동생들이 있었고, 농사도 있고, 엄마는 허리 위에 많은 자식과 아픈 자식의 멍에로 허리 한 번 펼 수가 없었다. 돈 벌러 나간 남편을 대신해서 농사를 도맡아 하시던 엄마는 자식이 아프다고 집을 비울 수는 없었을 게다.

병원에 입원을 시키면서 엄마는 한 달 후에나 온다고 하고 떠나셨다. 말도 통하지 않은 그곳에서 열두 살 나는 눈물을 훔쳐야 했다. 보이는 것은 하얀색 벽이요. 같은 병실에 있는 사람들은 "뭐라카노."를 연발하는 경상도 말씨에 점점 내 소리는 줄어들 수밖에 없었다. 자고 일어나면 의사 선생님이 다녀가시고, 다음엔 간호사가 와서 주사를 달아주고 그렇게 또 하루를 보내면서 그 한 달을 손꼽아 기다렸다.

하루는 창문에 매달려서, 또 한날은 병원 로비에서, 또 어떤 날은 밖을 서성이며, 긴 링거병을 부여잡고 애타게 엄마를 찾앉다. 그렇게 눈물로 한 달을 보냈는데 엄마는 오지 않았다. 세상에 혼자 버려진 것 같았다. 다시는 혼자 있을 수 없을 것 같았다.

며칠 지나서 엄마랑 아빠가 오셨다. 막 울었다. 다시는 병원은 안 간다고 가고 싶지 않다고. 부모님은 어떤 마음이었을까? 그때는 그 마음을 헤아리기보다 외로움이 더 컸다. 원인 모를 병에 걸려 호흡곤란을 호소하는 딸, 지금은 곰팡이에 의한 기관지 천식이라는 병명이 생겼지만, 그때는 알 수 없는 병이었다. 병원에만 들어가면 언제 아팠느냐는 식으로 멀쩡하니 부모 속은 오죽이나 새까맣게 타들어 갔을까? 그때 이후로 난 혼자 있는 게 너무 싫었다. 또 누군가가 날 버리고 갈 것만 같았고, 그곳에 혼자 남아야 하는 게 고통처럼 느껴졌다.

마산 터미널에 내렸다. 벌써 사십 년 가까운 세월이 흘렀건만 겁이 덜컥난다. 순천으로 다시 오고 싶었다. 그런데, 표를 끊을 창구가 없다. 분명히 버스에서 내렸는데 터미널이 맞는데 타고 갈 버스 편이 없다. 이리저리 몇 바퀴를 돌아도 들어오는 버스뿐. 나는 지금 어디에 있는 걸까?

밖으로 나왔다. 출구만 있고 입구가 없다. 앞에 노점상이 있다. "혹시 버스표를 어디서 끊어요?" "좀 내려 가시믄 터미널이 또 있어예." 뚜벅뚜벅 걸어가니 터미널이 보였다. 들어갔다가 다시 나왔다. 예까지 왔는데 다시 돌아가기엔 억울하다는 생각이 들어 나왔는데, 시내버스는 지나가지만 승강장이 보이지 않는다. 참 난처한 상황이구나. 에라 모르겠다. 걷다 보면 나오겠지. 오기가 생겼다. 그리고 그 병원도 찾아보고 싶었다. 거기가 어디였더라. 그곳까지 기억하기엔 내가 너무 어렸나 보다.

아무 버스나 탔다. 그냥 스쳐 지나가는 도시의 그림자에 내가 지금 무얼 하고 있나 싶었다. 어딘지 모르는 곳에서 내렸다. 아침을 뜨는 둥 마는 둥 뛰쳐나온 나는 하루 종일 내장 속으로는 아무것도 집어넣지 않았다는 생각이 들었다.

뭘 먹을까? 경상도 음식이 입에 맞지도 않는데. 고깃집을 들어가서 소고기를 시켰다. 소주 한 병과 함께. 쓰디쓴 소주가 외로움을 녹여주고 있었다. 입에 넣고 있는 소고기 한 점이 어루만져 주고 있었다. 그래 더 이상 마산이라는 도시 이름에 아파하지 말자. 그냥 아무 일도 일어나지 않는 과거에 얽매여서 싫어하지는 말자. 이곳에서 좋은 것 먹고 행복하면 되는 거지.

하지만 난 또 혼자였다. 그래, 이 도시로 온 건 내 의지인지도 모른다. 더 이상 아파하지 않기 위해서. 혼자면 어떠냐? 지금 내가 행복하기 위해서 노력 중이면 되는 거지. 날 버릴 사람도 없고, 내가 버림받지도 않았는데, 혼자 있는 그 순간에 어둠이 덜컥 삼킬 것 같은 공포에 휩싸일 필요도 없는 것을.

  마산에서 하룻밤을 보냈다. 낯선 곳에서, 아무도 알지 못하는 그곳에서, 하루 종일 소통하지 않은 채 내 과거의 한 자락에서 벗어나기 위해서 난 몸부림을 치고 있었다. 아침에 눈을 떴다. 살아 있구나. 살 수 있구나. 그래 이렇게 용기를 내면 살 수 있는 것을. 낯선 여행지에서 아니 아픔에 얼룩진 그곳에서 나는 다시금 살아가는 힘을 얻었는지 모르겠다. 아파하지 말고 앞으로 더 나아가는 발판을 만들어 본 건지도 모르겠다.

  아직도 혼자는 싫다. 아무도 없는 적막함이 싫다. 집으로 돌아왔는데 아무도 없다. 캄캄한 어둠 속. 그냥 멍하니 바라보다 불을 켰다. 세상이 환해진다. 그래 세상은 다시 밝아지는구나. 일어나 보자. 아파하기보다 밝은 태양을 마셔보자. 하룻밤 어둠에서 내일의 밝은 태양을 향해서 한 걸음 내딛어보자.

(2019. 5. 7)

3

나무도 귀가 있다

껍딱

　며칠 전 지인의 서각 전시회가 있어서 순천문화예술회관을 찾았다. 19명의 회원이 전시회를 하는데 한 사람당 세 점씩의 작품을 전시한다고 한다. 훌륭한 작품들도 많은데, 작가분들이 설명을 곁들여 주시니 귀에 쏙쏙 들어오는 게 나도 서각이란 걸 한번 해 보고 싶은 마음이 생겼다. 끌과 망치로 파고 두드리고 두드리는 작업을 일만 번 넘어야 하나의 작품이 탄생한다고 하니 그 노고와 정성이 얼마인지 상상이나 하겠는가.
　서각 작가 한 분이 말씀하시길.
　"사람들은 편하게 작품 하나 달라고 허지만 우리는 열흘 정도 걸려서 작품 하나 완성하는디 쉽게 내 줄 수가 있간디. 글고 한 사람 주고 나믄 왜 나는 안 주고 저 사람만 주냐고 시비 건께로 아예 안 주는 게 속 편하제.”

"그러 것네요. 예술 하는 사람들은 다 마찬가지지만 어디 편한 게 있나요? 다들 힘들게 자기 영혼과 싸우면서 만들어 내는 건데요.”

"그러게요. 특히 서각은 더해요. 그 가치를 인정하지 않는다고 봐야죠. 나무를 통으로 구하믄 목공소 가서 잘라야 허는디 어디 오천 원 받고 잘라 주간디. 어디 가서 자르것냐 힘시롱 터무니없이 돈을 요구하거등. 어디 잘랐다고 끝나. 삐빠(사포질)로 반질반질허게 만들어야 구상한 걸 화선지에다 그리고 붙이든가 밑그림을 안 만드요. 그리고는 하나하나 손으로 일일이 파는디 그 값어치가 저 작은 것 하나를 백만 원 달라고 하믄 누가 주고 살라고 허것소. 긍께로 우리 가치 퇴직한 노인네들이나 취미 삼아 하는 거지 어디 젊은 사람들이 직업으로 가지것소. 얼릉 그 가치를 인정하는 시대가 돼야 할 텐디 안 그요?”

작가분의 말씀은 지금 이 시대를 살아가는 예술가들의 고충을 이야기하고 있었다. 이런저런 이야기를 듣고 전시된 작품들을 감상하다가 한 작품 앞에서 걸음을 멈추었다. 「껍딱」 참 낭만적인 제목이지 않는가? 그 앞에서 숨을 쉴 수가 없었다. 한참을 쳐다보았다. 한 노인네의 얼굴이었다. 보통 이런 작품의 경우 「자화상」이라는 고상한 표현을 할 것인데 '껍딱'이라니. '껍딱'은 남도 쪽 방언으로 껍질을 이야기하며 껍데기라는 말로 쓰이기도 한다. 무수히 많은 말 중에 '흑사리껍딱'이라는 말이 있다. 아무 쓸모없는 것을 말하는데, 우리는 왜 그 쓸모없는 것에 연연하며 이 세상을 살고 있는가? 웃고 있는 작가의 얼굴에서 묘한 아픔과 번뇌와 슬픔을 보았다. 그러면서 한 번 더 쳐다보게 된다. 그 작품을 만들면서 만 번이 넘게 다독거리면서 얼마나 가슴을 달래야만 했을까? 본인의 얼굴을 보면서 오늘은 주름 하나를 더 만들고, 오늘은 묘한 웃음 속에 감춰진 슬픔을 조각하면서 자기 자신을 다스리고 있을 작가의 모습이 스치고 지나갔다.

껍딱. 나는 어떤 껍데기로 살고 있을까? 서각 작품처럼 끌과 망치로 두들기며 다듬어가는 과정에 만족하며 살고 있는 걸까?

고등학교 동창 모임이 있어 친구를 만났다. 그이는 환갑이 되면 성형수술을 하고 싶다고 한다. 하려면 지금 하지 왜 환갑이냐고 했더니 자기만족이라면서 친구들이 늙어 있을 때 자기는 젊어 있고 싶어서란다. 지금도 다이어트를 하면서 자기 자신을 상품화하려고 노력하고 있단다. 살이 찌면 나태해 보인다고 하면서. 피식 웃었다.

  사람마다 생각하는 껍딱은 이런 차이가 있구나. 내 껍데기를 한번 쳐다본다. 웃는 듯, 우는 듯 어중간한 표정으로 거울 속에 비친 중년 여성. 억지웃음을 지으면서 남을 의식하고 세상에 얽매여서 숨 한번 못 쉬고 사는 것은 아닐까? 아니면 자유분방한 내 자신의 모습을 찾으면서 살고 있을까?

  오늘은 껍딱이라는 화두로 고민해 봐야 할 것 같다.

(2020. 11. 20)

비 내리는 고모령

어머님의 손을 놓고 돌아설 땐엔
부엉새도 울었다오 나도 울었소
가랑잎이 휘날리는 산마루턱을
넘어오던 그날 밤이 그리웁고나

맨드라미 피고 지고 몇 해이든가
물방앗간 뒷전에서 맺은 사람아
어이해서 못 잊는가 망향초신세
비 내리는 고모령을 언제 넘느냐

    이상하리만치 손에 일이 잡히지 않는 날 무심코 틀었던 너튜브에서 흘러나오는 노래. 아버지의 노래. 괜히 눈물이 난다.

일찍 어머니를 보내야 했던 아버지는 그 설움을 이 노래로 풀곤 하셨다.

　나 어릴 적에 면 소재지에 나가신 아버지는 얼큰하게 취기가 오른 상태로 여수골을 넘어오면 두려움을 쫓는지 목소리가 커지면서 어머니를 찾는 것 같은 외로움이 묻어나곤 했다. 엄마 손을 잡고 늦게 오시는 아버지 마중을 나간 여수골 넘어서 들려오는 소리는 나에겐 아빠를 만났다는 안도감이요, 기쁨이었다. 항상 어머니를 그리워하신 내 아버지.

　오늘 이 노래가 내 마음속에 자리 잡은 것은 나도 이젠 나이가 들어서일까? 아니면 어머니가 그리워서일까? 아무것도 아닌 일로 엄마랑 작은 실랑이가 있었다. 그 뒤로 전화 한 번 하지 않았다. 엄마도 전화 한 번 안 하시는 게 야속했다. 그래도 자식노릇 하는 게 부모노릇 하는 것보다는 낫다는 생각을 하면서도 가끔은 투정 아닌 투정을 부릴 수 있는 건 아직 내 부모님이 가까이 살아계시기 때문일 것이다.

　불현듯 생각나는 우리 엄마. 마음으로는 항상 보고 싶은 사람. 노래가 가져다주는 힘은 이렇게도 강한가 보다. 오늘은 엄마한테 전화라도 드려야겠다.

　비 내리는 고모령을 들으면서.　　　　　　(2022. 7. 14)

신발 한 짝

어제 커피숍에 앉아 이런저런 이야기 도중 비장애인인 지인이 장애인 협회를 다녀왔는데, 식사 자리가 있어 식당에 갔단다. 한쪽 목발을 사용하는 장애우가 신발을 벗어놓고 식당 방으로 들어갔는데, 신발을 정리하던 사람이 보니 신발 한 짝이 새 신발이더란다. 바로 옆에 새 신발이 비슷한 게 있어 새 신발은 새 신발끼리, 헌 신발은 헌 신발끼리 모아 정리를 했단다.

식사를 마치고 나와 보니 장애우가 신발 한 짝이 안 보인다고 하더란다. 그때 옆에도 자기 신발이 없다고 찾는데, 두 신발이 짝짝이로 있더란다. 두 장애인은 그냥 웃고 나왔다는 웃픈 이야기를 했다.

그 말을 들은 지인이 「신발 한 짝」이라는 동시를 쓰고 싶다는 말이 나왔다. 어떤 이는 시도 괜찮겠다 하고, 나 역시 수필 제목으로도 손색없다는 생각을 했다. 신발 한 짝. 남 이야기가 아니라 나의 이야기라 씁쓰레한 웃음을 지어본다.

 지금으로부터 사십 년 전, 아직 초등학교도 들어가기 전 일이다. 어느 날 정강이께가 가렵기 시작했다. 긁어도 긁어도 가려움 기는 사라지지 않았고, 부풀어 오르는 붉은 기는 가실 줄을 몰랐다. 어느덧 종기가 생기기 시작했고 짓무르기까지 했다. 버짐꽃이 피었다. 그것도 뼈끝에 생겨서 완치도 힘들 거라는 소리를 했다. 부모님들은 여기저기로 돌아다녔고, 좋다는 민간약은 다 발랐다. 마늘을 매일 바르면 마늘 독성으로 종기가 사라진다고 그 여린 보들보들한 살에 독한 생마늘을 비볐다. 몸에서는 마늘 냄새가 진동하고 마늘의 독성으로 덧나기만 더 할 뿐 가려움은 더 심해져 갔다. 또 된장을 다리에 묶고 있으면 가려움은 좀 사라지는 것 같아도 조금 지나면 더 가려워지곤 했다.

 어느 날, 잠도 못 자고 북북 긁고 있는 딸을 데리고 아버지는 병원으로 가셨다. 지금이야 병원이 지천이지만, 그때만 해도 그것도 시골에서는 병원 문턱처럼 높은 곳이 없었다. 그 높은 곳을 넘어가던 날. 충격적인 얘기를 들었다. 의사 선생님은 한쪽 다리를 잘라야 낫는다고 하신 것이다. 뼈끝에 생긴 버짐꽃은 내려올 줄을 모르고 심지어 더 번지고 있다는 것이다. 다리를 자르지 않으면 버짐꽃이 온몸으로 번져 목숨을 잃을 수도 있다는 말씀에 아버지는 아무 말씀도 못 하셨다. 철없는 어린 딸은 목숨이 무엇인지, 한쪽 다리가 잘린다는 것이 무엇인지도 모른 채 아버지 손을 잡고 모처럼 나온 외출로 신나 있었다. 침통했던 아버지는 언제 죽을지도 모르는 딸이, 먹고 싶다는 베지밀 한 병을 들려주었고, 그 베지밀 한 병밖에 해 줄 수 없었던 아버지는 오열했다.

  차일피일 시간은 계속 흘렀고 집에서는 다리를 잘라야 할까? 말아야 할까? 어른들은 고민에 고민의 연속이었다. 이럴 수도 저럴 수도 없는 상태에서 하룻날, 할머니는 시장에서 버짐꽃에 좋다는 비방이라며 한 가지 소식을 가져오셨다. 아버지는 다리를 자르는 것보다는 낫겠다는 생각을 하셨고, 한날 저녁, 어린 딸을 위해서 곤로를 방으로 들이셨다. 곤로 위에서는 무언가가 팔팔 끓고 있었다. 할아버지, 할머니, 어머니는 다리를 잡으셨다. 잠든 딸은 갑자기 잡힌 다리에 깜짝 놀라 일어나는 순간, 기절했다. 아버지는 그 끓고 있는 똥오줌을 종기 위에 찍었다.

지글지글. 살이 타들어 가는 소리가 코끝을 스쳤다. 정강이에는 커다란 화상 흉터가 생겼다. 하지만 그 덕분인지 진물이 멈췄다.

다리를 자르지 않는 대신 여름이면 치마를 입지 못했다. 멍에처럼 남아 있는 커다란 흉터는 징그러웠다. 붉은 것은 살이요, 하얀 것은 뼈라고 지금은 웃으면서 얘기하지만, 그 당시 한 소녀는 밖으로 나올 수가 없었다. 하지만 아버지의 선택은 옳았다. 한쪽 신발을 신을 때면 간혹 그때 생각을 한다. 만약 그때 한쪽 다리를 잘랐더라면 평생 못 신어 봤을 신발이구나. 너무 어린 나이의 상처는 성장에도 영향을 끼쳐 오래 걸으면 한쪽 다리는 끌려다니는 기분이 들었다. 아니, 지금도 아프다. 이래저래 상처로 남아있는 내 왼쪽 다리.

신발 한 짝이라는 한 마디에 숨겨왔던 내 기억의 한 조각을 꺼낸다. 나는 오늘도 짧은 미니스커트를 입고 외출할 예정이다. 아프고 불편하다며 웅크리고 있는 것은 나에겐 사치다. 나는 멀쩡한 두 다리를 가지고 있으며 사랑하는 사람들이 있고, 행복한 글쓰기가 기다리고 있으니까. 슬픔은 슬픔을 낳고, 기쁨은 더 큰 기쁨을 낳는다. 나는 오늘도 행복을 낚으러 출발한다.

고구마 빼깽이

어릴 적 우리집 뒤꼍에는 모기장 위에 고구마가 널려 있었다. 그것도 잘디잔 고구마가. 학교 가면서 한 개 입으로 들어가고, 김발 걷으러 가면서 한 개 더 입으로 들어가고, 겨우내 우리집 먹거리는 고구마 빼깽이(말랭이)였다.

십일 월이면 고구마 줄기를 걷는다. 그러면 고구마 줄기에 딸려 나오는 작은 고구마도 있고, 땅속에서 고개를 내미는 고구마도 있다. 고구마 줄기에 남은 고구마를 따는 일은 아이들 몫이었다. 간간이 찾아지는 고구마 하나가 금은보화처럼 소리를 지르는 그때. 그때는 먹거리가 그만큼 귀했던 시절이었다.

한 솥단지 삶아놔도 오 남매는 항상 먹을거리를 찾았다. 엄마는 잘디잔 손가락만 한 고구마를 쪄서 말리는 고구마 빼깽이를 만들어 두셨다. 처음에는 물컹한 느낌이 좋았고, 시간이 가면서 딱딱해지면 입에 넣고 오물거리는 그 식감이 좋았다. 그 먹거리가 사라지고 있다. 친정집 뒤꼍에도 이제는 고구마 빼깽이가 없다.

올해 우리집 텃밭에 고구마를 심었다. 너무 크면 맛없다고 촘촘히 심었더니 씨알이 잘다. 먹을 만한 것은 따로 챙겨 두고, 새끼손가락만 한 것은 개나 삶아 먹여야지 하다가 어릴 적 먹던 고구마 빼깽이가 생각났다. 엄마의 뒤꼍 풍경이 그리웠을까?

고구마를 빡빡 씻었다. 껍질까지 먹어야 하는 빼깽이는 씻는 일부터가 다르다. 몇 번 씻고 또 씻어 솥단지에 걸었다. 불을 지핀다. 불을 지필 때 나는 매캐한 향이 나는 좋다. 낙엽 타는 알싸한 냄새도 좋고, 덜 마른 풀 태우는 달짝지근한 향기도 좋다. 장작불이 타닥타닥 타오를 때 솥단지에서는 전쟁을 한다. 뜨겁다고 눈물을 흘리는 고구마 한 개 입에 물고는 호호 불어 본다.

새끼손가락 같은 고구마를 모기장 위에 널었다. 햇빛 따순 날 마당에 널려 있는 고구마는 나를 동심의 세계로 안내하곤 한다. 한 입 입에 물었다. 아직은 물컹한, 또 한 개를 입에 물었다. 따뜻하다.

하루 이틀 좋던 날씨가 먹구름이 끼었다. 얼른 안으로 들고 갔다. 빼깽이는 비를 맞으면 못 먹게 된다. 비가 쏟아진다. 하루, 이틀 하늘을 쳐다보는 내 마음이 아프다. 사흘째 걷어 들인 고구마는 아뿔싸! 곰팡이가 피었다. 다시 추렸다. 곰팡이 핀 고구마는 개 먹이로 주고, 깨끗한 것을 다시 널었다. 하늘이 도와주지 않는구나. 다시 흐려지는 날에 채소 건조기에 돌렸다. 요즈음은 좋은 세상이다. 하늘만 믿던 때와는 달리 건조기가 보급되어 있으니….

너무 말렸나 보다. 말랑이와 딱딱이의 중간도 없이 딱딱이가 되어 버린 빼깽이. 입에 넣고 오물오물. 추억인 양 사랑인 양 입안에서 녹는 맛이 참 좋다.

오늘도 쉬내 나는 고구마 빼깽이 입에 물고 추억 속에 잠긴다. 학교 다녀오면 뒤꼍에서 챙겨 먹던 그때 그 모습. 어릴 적 추억이 망울망울 그 속에 담아져 있다. 하나 또 입에 물어본다. 씨익 웃음이 나온다.

(2016. 12. 31)

나무도 귀가 있다

작년 8월부터 집 짓기에 들어갔다. 11월 중순경에 집이 완성되고, 세 개의 구덩이를 파 놓았다. 나무를 좋아하는 남편은 파 놓은 구덩이마다 심을 나무를 찾기 시작했다. 뒤꼍에는 소나무를 심기로 하고, 문 앞에는 금목서를 심고, 가운데는 은목서를 심기로 최종 결정을 했다. 은목서는 동네 언니네에서 흔쾌히 한 나무 가져다 심으라고 해서 감사히 잘 파 와서 심었다.

다음에는 소나무를 보기 위해 여기저기를 찾아봤지만, 마음에 들면 부르는 값이 터무니없고 그런다고 아는 지인이 가져가라고 하는 것은 또 눈에 차지가 않았다. 할 수 없이 동네에서 그나마 관리가 되지 않은 소나무를 싼값으로 지불하고 가져오기로 했다. 십 년은 넘었다고 하는데 제법 밑동이 통겁다. 남편은 하루 온종일 소나무와 씨름을 했다. 파고 또 파고. 더위에 지쳐 보여 맥주도 한잔하면서. 지나가던 동네 사람이 좀 파 주고, 옆에 있던 언니들은 안주 삼아 너무 많이 팠네, 좀 적게 파라 등 훈수를 두고 있었다. 마지막 뚝 하고 분리가 되었다. 가지고 와야 하는데 방법이 없다. 그냥 두고 오늘은 철수하기로 하였다.

 다음 날, 남편이 포클레인 하는 친구를 불렀다. 포클레인으로 떠서 집으로 들고 왔는데, 이번에는 주차장에 걸려서 제 자리를 들어가지 못하고 주차장 한쪽에 널브러져 있었다. 포클레인 친구는 다시 지게차를 가지고 와서 밀어 앉혔다. 어찌어찌 제 자리에 두었는데 밑동이 너무 커서 그만큼 구덩이를 또 파야 하는 상황. 지칠 때로 지쳐버린 남편과 남편 친구. 그저 멍하니 쳐다보고만 있었다. 그래 조금만 파서 꼬리만 넣어 보라고 했다.

 "다음에는 어떻게 할 건데?" 남편은 대책 없다는 듯 한숨을 푹 쉬면서도 본인이 가져오자고 한 것이라 더이상 말이 없다. 나는 "밑동만 흙에 닿아 있으면 땅심을 받을 것이고, 제만 앉아도 원체 크게 떴으니 그냥 둬도 살겠그만. 그다음에 테두리를 벽돌로 싸고 흙으로 채우면 되지."

그렇게 소나무는 자리를 잡았다. 그다음 날부터 남편은 소나무 전지 동영상을 보면서 배우기 시작하더니 소나무는 멋진 작품이 되어 갔다.

마지막 한 구덩이는 금목서를 심자고 했는데, 1월에는 금목서를 구하기가 쉽지 않았다. 그래서 운동 다녀오면서 본 금송을 심자고 해서 한 그루 사서 심었다. 금송은 대문 자리 앞에서 잘 크고 있었다. 다들 상록수들이라 겨울을 기대하며 잘 크기를 고대하였다. 동네 사람들도 다니면서 나무를 잘 심었다고 이쁘다고들 하고 나 역시 뿌듯했다.

4월쯤 동네 어른이 지나가다 내가 보이니까 한 말씀 하신다.

"저 금송 온야(전남 순천시 별량면 지명)에서 가져왔제?"

"네. 떡집 뒤쪽에 나무공장 뒤에서요."

"그게 나가 심은 거라 알제."

"그래요? 또 어제 이런 것도 심으러 다녔대요?"

"긍께로잉. 근디 그 나무 주인이 죽었어."

"네?"

"원래는 주고 성이 주인인디 성은 죽고 동생이 안 팔아묵능가. 근께 저건 죽은 나무 아닝가?"

기분이 언짢은데 그냥 보냈다. 며칠 후 금송은 힘이 없다. 물을 줘도 시들한 기미가 보이더니 음지식물이 무더운 여름을 견디지 못하고 나뭇잎이 누런색으로 변하더니 고개를 떨구어 버렸다. 아직은 그 자리에 있지만 조만간 다른 나무로 교체해야 할 상황이다.

사람들은 다른 사람 말하기를 좋아한다. 그러면서 눈치라는 것을 보는데, 나무에게 생명이 있다는 건 생각하지 않는다. 주인이 죽었다는 말에 귀가 있는 나무는 자기도 주인을 따라가 버린 것이다.

(2023. 8. 21)

외로운 아이

아버지는 1944년 1월에 전남 광양에서 2남 중 작은아들로 태어났다. 인자한 성품을 가지신 부모님 사이에서 사랑을 받고 이 세상에 태어났지만, 시대는 일제강점기라 굶주린 사람들이 많았다. 징용으로 끌려가서 돌아오지 못하는 사람들도 많았으니 항상 움츠리는 생활을 할 수밖에 없었다. 설상가상으로 호열자(장티푸스)가 돌아다니고 있었고, 세 살 되던 해에 어머니가 먼저 저세상으로 가시는 아픔을 겪었다.

당시 형님이 일곱 살이었는데 어머니의 죽음을 이해하지 못하는 나이였으니 세 살짜리 어린아이는 무엇을 알았으랴.

할아버지는 다섯 살 꼬마에게 새어머니를 만들어 주셨다. 달랑 형제밖에 없는 집에 새어머니는 또 다른 형님을 데려오시고, 그렇게 삼 형제가 되었다. 아버지는 정이 그리운 사람이었다. 치맛자락을 잡으면 뿌리치는 어머니라도 칭찬 한번 받아보고 싶어 마당도 쓸어보고, 마루에 걸레질을 해도 눈길조차 주지 않는 새어머니에게 점차 반항심만 늘어갔다.

당시에 국민학교를 다니는 큰형님을 제외하고는 남은 두 형제는 고사리손이라도 보태서 집안일을 도와야 했었다. 점차 커 가면서 머슴 아닌 머슴처럼 일을 하고 또 일해야만 했다. 급기야 열일곱 된 둘째 형님은(새어머니가 데리고 온) 이렇게는 못 살겠다고 서울로 도망을 가버리고, 큰형님은 고집을 부려 고등학교를 다니고 있으니 항상 집안일은 막내 차지였다. 사춘기란 말은 없었지만, 반항심은 점점 늘어가고 새어머니가 시키신 일은 못 한다고 소리소리 지르는 상황까지 가게 되었다.

그러면 할아버지는 아들 손에 돈을 쥐여 주시면서 달래곤 하셨다. 아마 모르고 계셨던 모양이다. 막내아들이 원하는 것은 부모의 정이란 걸, 아니 아셨다고 하신들 어쩌겠는가. 그렇게 아들은 돈을 들고 밖으로 나돌아다녔으며, 허구한 날 술을 마셨다. 「비 내리는 고모령」을 눈물로 부르면서 집으로 돌아오는 그 길이 얼마나 힘들었을까? 누구 한 사람 이해해주는 이도 없

없고, 이해하려고도 하지 않았으니 마음에는 울분만 가득했으리라. 외톨이가 되어버렸던 소년은 가슴속에 한 많은 사연이 차곡차곡 쌓이면서 조금씩 성장해갔다.

　친정아버지의 이야기를 듣노라면 나도 역시 가슴이 먹먹해진다. 얼마나 정이 그리웠을까? 친구들은 다 있는 어머니의 빈자리. 정이 그리웠던 아들에게 자리 하나 내주지 않으셨던 할머니가 야속하게만 느껴졌다. 잔정이 없던 할머니, 내 기억 속 할머니는 그냥 이웃집 할머니였다. 나에겐 남보다 더 못한 할머니였으니 남의 자식이라 생각하는 아들에겐 오죽했으랴. 묵묵히 지켜봐야 했던 할아버지의 아픔도 서서히 가슴을 적신다.

　재혼을 한 사람이 친자식이 따뜻한 솜 옷을 입고도 벌벌 떨고 있는 아들이 이상해서 옷을 벗겨보니 솜옷이 아니라 갈대로 옷을 지어 입혔다는 얘기를 들으면서 눈물로 아들을 바라봤던 그 사람과 할아버지의 모습이 겹쳐 보이는 것은 우연이 아닐 것이다.

(2022. 1. 4)

난봉산

2020년 정월 대보름 뒷날. 여기는 순천 난봉산. 어제저녁 급조된 만남. 남편 친구들과 가벼운 술자리에서 내일 약속 없는 사람들은 산에 가자는 말이 나왔다. 남편은 선배 일을 도와준다고 선약이 있다고 했다. 그래서 포기하고 있던 나. 남편이 그런다.

"내일 내가 일이 있응께 우리 각시는 혼자 집에 있을 건디 같이 데리고 가소."

"어이 자네도 없는디 어찌 우리끼리만 간당가?"

"가도 되는 거여?"

춥다고 웅크리고만 있다 보니 즐겨 하지 않은 산이지만 바람이라도 쐬고 싶었던 나는 남편한테 확답 아닌 확답을 받았다.

"잉 댕겨오소"

그렇게 세 명이 모였다. 아무리 편한 사이라고 해도 남편 친구들과의 동행은 탐탁하지 않았다. 그래서 아는 언니한테 전화를 걸었다.

"언니! 낼 산에 갈란가?"

"어디 산?"

"난봉산이라네."

"엉. 거기는 난봉꾼들만 가는 산인거여?"

"킥킥, 그런가? 하여튼 내일 아침 아홉 시에 데리러 갈게."

"그려 낼 보세."

"엉 언니, 낼 보세."

그렇게 헤어진 우리들. 아침 여덟 시에 남편 전화벨이 울린다.

"엉. 준비허고 있네. 천천히 오소."

남편 친구가 걱정스러운 목소리로 전화를 한 모양이다.

"준비허고 있냐고 묻그만."

"…"

"다 했다고 했네."

"출발했대?"

"엉, 출발했다구먼."

남편 친구는 혼자 왔다. 옆에 있던 친구는 술을 많이 마셨는지 전화를 안 받는다고 한다. 그래서 나랑 둘이서 언니한테로 출발해야 하는데, 언니한테 문자가 와 있다. '미안하다. 동생아! 선약이 있었는데 깜빡했다. 다음에 가는 걸루 하세' 헐! 이게 무슨 상황이란 말인가. 다른 사람들과 함께하기로 했는데 덩그러니 남아있는 두 사람. 뭐라 말을 할 수 없는 부조화에 실소가 먼저 나왔다. 준비를 다 해서 집에 와 있는 사람이 있는데 안 가자니 그렇고, 가자고 하자니 남편도 없이 남편 친구랑 둘이 가기도 그렇고, 그냥 멍하니 남편 처분만 바라고 있었다. 남편 친구 역시 이 낯선 상황에 뭐라 할 수 없었는지 가만히 있었다. 결정은 남편의 몫이다.

"이왕 준비한 거 갔다오소. 안 가기도 그렇쿠만."

"그러게 참 거시기 허네잉." 내 말에 남편 친구도 "얼릉 갔다 와서 점심이나 같이 먹세." "잉 그러세." 우리는 그렇게 남편 허락까지 받고 옥천동 뒤에 있는 난봉산으로 향했다.

초입에 차를 대고 이정표 앞에 섰다. 산에 오르려는 일행도 옆에 자리하고 있더니 남편 친구랑 서로 아는 척을 한다. 올 것이 왔구나. 순천이라 이래서 둘이 오기는 그랬는데. 그냥 어정쩡한 인사를 하고 산을 오르기로 했다. 어차피 산을 오르기는 힘든 나니까 뒤처질 수밖에 없다는 생각을 하면서. 하지만 초장부터는 아닐 거라고 생각했는데, 어제 걸친 술 한 잔은 여운인지 아니면 부실한 체력 탓인지 나아갈 수가 없었다.

다행히도 남편 친구는 아무 말도 하지 않고 기다려 주는 여유도 보여주었다. 인사를 주고받았던 친구들이 멀리 사라지고 난 뒤, "뭐라고 소개하기가 그랬어요. 친구라고 하기에는 차이가 나는 것 같고, 친구 각시라고 하자니 괜히 이상하게 볼 것 같고, 그냥 본인들 생각한 대로 두라고 말 안 했네요."

"잘하셨어요. 뭐라고 하겠어요? 처음부터 이 상황을 예상했는데." 이런저런 얘기를 하면서 난봉산을 올랐다.

"난봉산이 난봉꾼 난봉이 아니라 박난봉이라고 박영규(견훤의 사위이자 왕건의 장인) 장군의 후세 사람인데 이 산에서 훨훨 날고 뛰었다고 해서 난봉산이군요?"

난봉산은 박난봉 장군의 묘가 이 산의 동남쪽 기슭에 있어서 유래된 것이라고 한다. 박난봉은 순천 박씨 중시조인 박영규의 4대손으로 고려 정종 때 인물이며, 직위가 대장군에 이르러 사후에 평양(순천의 옛 이름) 부원군으로 책봉되었던 인물이다.

인터넷을 보면서 설명하는 나를 한번 쳐다보고는 "그래요? 그것까지는 몰랐네요." 한다.

난봉산 정상을 지났다. 딱히 특별한 것은 없어도 아름드리나무는 아니어도 산이 좋았다. 우거진 나무들 사이로 간간이 불어오는 바람이 메마른 나뭇가지를 흔들며 서걱서걱 존재를 알렸다. 정상까지 가는 오르막길은 걷는 걸음걸이가 뒤뚱뒤뚱 쿵. 도저히 진도가 나아가질 않는다. 조금 계단을 밟고 올라가면 호흡은 거세지고 입에서는 단내를 뿜어내면서 숨을 헐떡거린다.

'여기를 왜 와서, 참 난감하네. 내려가자고 하기도 그렇고 더 올라갈 수도 없고, 남편 같으면 손이라도 잡고 가자고 하겠그만 어디 그럴 수 있는 처지도 아니고 아이구야! 내 발등을 내가 찍는구만.' 혼자 속으로 부글부글 끓고 있는데. "여기가 정상인디, 내려갈라요, 아니믄 이제 내리막길이니까 좀 더 가다가 약수터로 내려갈까요?" "약수터요?" "네. 좀 가다가 약수터 내려가는 길이 있어요. 완전히 내리막길이죠," 정상에서 내려오는 내리막길은 그런대로 수월했다. 한참을 곡예 하듯이 오르막, 내리막을 걷다가 임도에 도착했다.

"저 위로 난 산길을 따라가면 국사봉이 나옵니다. 가실랍니까? 근데 힘들어요? 그만 갈까요?" "네, 그만 가요. 여기에서 막걸리 한잔하고 내려가요. 힘들어서 더는 못가겠어요."벤치에 앉아 어제 준비해 둔 막걸리 한 병을 꺼내, 과일 안주로 얼른 한잔하고, 상쾌한 바람에 콧바람을 쐬고, 다시 주섬주섬 가방을 챙겨서 갔던 길을 돌아서 내려왔다.

다시 오르막 내리막은 자신이 없었다. 다리에 힘도 풀리고 막걸리 두 잔에 어제 마신 취기까지 올라오는 것 같았다. 눈치 챈 남편 친구는 약수터로 길을 잡았고 한참을 내려왔다. 날이 따뜻해서인지 흙길이 칠떡 칠떡거렸다. 나뭇잎 위로만 살짝살짝 걷는 길이 다리의 무거움으로 맥을 못 추고 쭉쭉 미끄러졌.

'사고는 이렇게 나는구나.' 창피하기도 하고 바지는 흙투성이고, 일어서지도 못하고 있는데, 남편 친구는 "산을 생각보다는 잘 타네요?" '무슨 소리람? 어디서 뭔 소리를 듣고 저런대. 사람 놀리는 것도 아니고, 이런 평범한 산도 못 걷고 있구먼.' "친구가 못 올라간다고 하도 걱정을 많이 해서요." 손을 탁탁 털었다.

"이 정도야 뭐 괜찮죠? 계속 내리막길인데요. 근데 저 땜에 운동도 못 하고 어떡해요? 산은 좋은데, 여름에 오면 참 좋을 것 같네요." 주저리주저리 떠들어 대는 나를 한 번 쳐다보고는 씨익 웃는다. 내가 생각해도 오늘 우리 모습이 웃긴 상황이다.

약수터에 다다라서 따뜻한 물 한 모금 머금고 내려오는데 서원이 보인다. 여기가 옥천서원은 아닐 텐데? 가까이 가서 보니 용강서원이란다. 해룡에 있다가 이곳으로 옮겨 왔다고 자세히 설명되어 있다. 내려오는 길목에는 벽화가 제 모습을 뽐내고 있다. 남편에게 전화를 걸었다. 점심이나 같이 먹자고. 좋아라 하는 남편 목소리에 웃음이 터졌다. 안 보낼 수도 없고, 보내 놓고 보니 걱정도 되고. 오늘 하루 웃지 못할 헤프닝이지만 난 잊지 못할 것 같다.

순천에 삼십 년이 넘는 세월을 살면서도 난봉산이 여기에 있다는 것도 처음 알았고, 용강서원이 이곳으로 왔다는 것도 알 수 있는 계기가 되었으니, 흔한 말로 부뚜막의 소금도 집어넣어야 짜다는 말처럼 가까이에 이렇듯 좋은 곳을 두고도 보지 못하고, 나서지 않았으면 무슨 소용이랴.

(2020. 1. 17)

솎아내는 농부

나는 농부다. 그것도 초보 농부. 시골로 들어온 지 벌써 24년 차인데 작은 텃밭에 상추나 심어 먹고 살다가 올해 처음으로 평수를 넓혀서 이것저것 심기 시작했다. 처음에는 모든 것이 낯설고 어색하기만 하더니, 아니 그냥 익숙한 몸놀림이라고 해야 할까? 차츰차츰 몸에 익어가기 시작했다.

1월부터 감나무, 체리나무, 살구나무, 무화과나무를 심고. 2월에는 생강씨랑 더덕씨를 사다 심고, 고구마 무강도 심어 보고. 3월에는 상추씨 뿌리고 열무씨, 얼갈이 배추씨, 붉은갓씨, 당근씨를 뿌렸다. 4월이 되니 무럭무럭 잘 자라는 듯싶더니, 갓이 삐들삐들 맥을 못 춘다. 아마도 벌레가 생긴 모양이다. 얼른 살충제를 섞어서 분사했다. 며칠 지나고 나니 언제 그랬냐는 듯 방긋방긋 해맑게 웃고 있다.

올해는 냉해가 심하다. 낮에는 여름 날씨처럼 뜨겁더니, 밤이 되면 초겨울 날씨가 되어 식물들이 추위에 떨고 있다. 1월에 심었던 나무들은 잘 자란 듯하더니 냉해로 가지 속기로 들어갔다. 살며시 내려놓는 잎사귀들. 한 날 나가보면 검은색으로 변해버린 어린 새싹들을 과감히 떨구고 서 있는 나무들. 그래 버려야 사는구나. 나무도 그럴진대 바닥에 있는 채소인들 조용할까? 가만 보니 씨앗을 너무 많이 뿌렸는지 한 구멍에서 숨도 못 쉬고 빼곡히 고개를 내밀고 있다.

5월 어느 날, 서울에서 손님이 왔다. 채소 정리를 해야 할 때가 온 것이다. 우선 채반을 들고 가서 얼갈이배추를 속았다. 간격을 두고 그 안에 있는 배추는 모두 내 손에 뽑혔다. 남은 배추들은 갑자기 빠져버린 친구들 때문에 힘이 없는 듯 픽픽 쓰러지고 있었다. 그러든지 말든지, 배추는 계속 내 손에 잡히는 대로 뽑혔다. 그 배추는 서울 언니들의 손에서 가지런히 놓이기 시작했다. 한참을 정리하고 갓도 뽑고, 열무도 뽑아서 서울로 출발했다. 남은 이들은 비실비실하더니 이틀이 지나고 나니 고개를 빳빳이 들고 나를 쳐다본다. 아! 속아야 사는구나.

사람 관계도 마찬가진 모양이다. 모든 사람이 좋다고 내 옆에 두고 있으면 안 된다는 생각이 들었다. 작년 일이다. 친구들과 어울려 계곡에 놀러 갔었다. 한 친구가 기분이 너무 좋다고 술을 계속 마셨다. 다른 친구들이 말려도 소용이 없을 정도로 취기가 올랐다. 그때부터 우리는 처음 보는 그녀만의 술주정. 펑펑 울기 시작했다. 처음에는 말려 보기도 하고 사정을 해 봤지만 본인 인생이 고달팠다고 그 고달픈 인생이 생각난다고 하기에 그대로 두었다. 한바탕 울고 나면 조용해지겠지. 하지만 친구는 울면서 한 잔 두 잔 술잔을 기울여서 계속 마시고 있기에 친구를 달래 친구 친정으로 보냈다.

나머지 친구들은 노래방으로 직행했다. 노래방에 있는데 먼저 간 친구의 남편한테서 전화가 왔다. 어쩜 그럴 수가 있느냐? 지금 우리 마누라가 죽는다고 난리가 났는데 본인은 멀어서 갈 수가 없다. 그래 물어보았다. '왜 죽는다고 하느냐?' 모르겠단다. '그래 안 죽을 거니까 그냥 두세요.' 하고는 장장 두 시간에 걸친 전화는 끊어졌다. 피곤하다. 다음 날 연락이 없는 그 친구를 두고 나머지 친구들이 모여서 놀았다. 친구는 조용히 본인 집으로 갔고 그렇게 그날 모임은 정리가 되었다.

그런데, 몇 달이 지나고 친구한테 전화가 왔다. 어찌 친구가 괜찮냐고 전화도 없느냐고. 남편이랑 얘기하라고 했다. 죽지 않고 살아서 다행이라고. 자기는 그런 말 한 적이 없다고 우기기 시작했다. 머리가 아팠다. 그냥 그만하자. 친구들 만나서 놀다가 실수하는 거 인정한다. 하지만 우리가 나이가 얼만데 아직도 남편이 전화하고 도대체 어떻게 살아온 건지. 속아도 안 되는 건 채소가 될 수 없다. 그날 그 뒤처리 하나로 친구를 속았다. 그래 나도 살려면 속아야 하는구나. 마냥 좋다고 다 끼고 있어 봐야 안 되는 것은 안 되는구나.

초보 농부는 오늘도 하나 배운다.

(2023. 6. 1.)

착한 아들 나쁜 아들

　여기 전처소생인 두 아들이 있다. 큰아들은 머리가 컸다고 자기주장이 강하고 하고 싶은 일은 꼭 하는 성격이라 나쁜 아들을 자처했고, 작은아들은 아직 나이가 어려서 계모가 시키는 대로 하는 착한 아들이다. 학교 문제도 그랬다. 큰아들은 무슨 일이 있어도 학교는 달음박질을 쳐서라도 도망을 갔지만, 작은아들은 집에 일이 있으면 학교는 포기하고 집안일을 도왔다.
　그러다 보니 부모는 모든 집안일은 작은아들에게 맡기기 시작했다. 농사철에는 하루 종일 집안일에 묶여 살아야 했다. 불만이 많이 쌓였지만 부모님이 시키면, 시키는 대로 하는 착한 아들이 되어 있었다.

이 두 아들을 두고 생각을 많이 하게 된다. 큰아들은 이기적인 것 같으면서도 자기 앞날에 투자한 것이고, 작은아들은 어리석은 것 같으면서도 묵묵히 맡은 책임을 다한 사람이다. 처음에는 약간 약은 듯한 큰아들을 편들고 싶었다. 지금 살아 계시면 팔순이 넘은 나이시니 1960년대 시골에서 고등학교까지 졸업을 했다는 것은 놀라운 일이다. 계모가 아침밥 먹으라고 하시면 학교 못 가게 할까 봐 식사도 거른 채 이십 리 길을 매일 걸어서 왕복하셨던 분이다. 그 끈질긴 모습은 후배들에게 귀감이 되고도 남았다.

하지만 시골 촌구석에서는 그만큼 배운 사람이 없다 보니 집안일, 동리일 모든 걸 도맡아 하셨고 매일 술자리의 연속이었다. 접대도 해야 하고, 접대도 받아야 하는 처지가 되어 있었다. 어느 날 속이 쓰리고 아파서 높디높은 병원 문턱을 넘었더니 '간경화'로 얼마 살기 힘들다는 판정이 내려졌다. '죽 쑤어 개 준 꼴'이 되어 버렸다. 그렇게 큰아들은 불귀의 객이 되어 부모 곁을 떠났다.

학교도 제대로 못 다닌 작은아들은 여전히 부모 곁에서 농사를 지으며 살았다. 더 이상 시골에 있기 싫었던 작은아들은 도회지로 나가려고 했다. 하지만 아버지는 큰아들을 잃은 슬픔에 작은아들을 붙잡을 수밖에 없었다. 큰아들 같았으면 박차고 나갈 일이었지만 작은아들은 또 그렇게 주저앉고 말았다. 아버지를 따라서 농번기엔 농사일을 거들었고, 장어 철이 되면 장어 배를 따라다녔다. 겨울이 되면 김을 하고, 바쁜 하루하루가 모여서 일 년이라는 시간은 금방 지나가곤 했다. 친정아버지 이야기다. 지금도 농사를 짓고 계시는 아버지.

  남들이 보면 답답하다고 하실지 모르지만 난 우직한 우리 아버지를 존경하고 사랑한다. 한 번도 남에게 싫은 소리 안 듣고, 싫은 소리 안 하시는 분. 부모님 모시는 게 천직처럼 생각하시는 분. 나갈 때와 들어올 때 항상 부모 자리를 살피시는 사람. 우리 아버지의 잔잔한 아량이 조금 더디 가더라도 조금 힘들더라도 착한 아들을 응원하고 싶다. 사랑합니다. 아버지.

(2022. 4. 12)

미션

 2021년 올해로 삼십 주년 결혼생활을 한 우리 부부는 여행을 계획했다. 날짜를 남편 생일 주에 맞추다 보니 가을 성수기인 11월 20일. 다른 해 같음 그냥그냥 조금 바쁜 가을날. 코로나19로 외국으로 나갈 수 없었던 여행객들은 국내의 해외인 제주도로 몰리고 있었다. 그것도 주말이니 한 달 전인데도 비행기 표를 구할 수 없는 지경이 되었다. 포기하려는 그때 지인이 비행장에 근무하는 지인을 소개했고, 우린 또다시 제주도 여행에 부풀어 있었다.
 나는 신혼여행을 시작으로, 친구들과 동네 언니들과 이런저런 모임에서 몇 번 다녀 왔지만, 남편은 신혼여행 이후 처음이라는 말이 미안하게도 만들어 더욱더 열심히 계획을 세우게 되었다. 떠나기 일주일 전 비행장 직원이 주민등록증을 가지러 오셨고, 착착 진행될 줄 알았던 티켓은 오지 않았다. '어! 어떻게 된 거지? 이미 작은 딸랑구가 리조트를 예약해 놓은 상탠데.' 출발 삼 일 전에 연락이 왔다. 그것도 여수 공항에서 제주로 가는 비행기 티켓만. 우리 부부는 무작정 제주로 떠났다. 다음 날 일요일에 오는 비행기를 예약해 주신다는 말씀만 듣고.

  제주 공항에 내렸다. 처음 여행 계획은 제주 시티투어를 생각했다. 그런데, 토요일은 쉬는 날이란다. 어떻게 하지? 남편은 렌트카를 이야기하는데 굳이 필요 없겠다고 생각해 무조건 리조트 가는 버스를 타려고 하는데 한 시간은 족히 남았다. 남편은 택시를 타자고 하는데 십 분 후에 오는 성산행 버스를 타고 가서 환승하자고 했더니 그러면 그냥 일출봉을 보자고 해서 성산으로 향했다.

  시간은 이미 오후 세 시가 다되어 간다. 점심을 보말 칼국수에 외도 땅콩 막걸리를 곁들이니 렌트를 안 하니 이런 호사가 없다고 남편은 엄청나게 좋아한다. 늦은 점심을 먹고 우선 지인에게 보낼 선물을 골라두고 해안가를 둘이서 걸었다.

  살짝 찌푸린 날씨지만 그래도 걷기에는 좋은 날씨였다. 뒤로는 성산 일출봉을 두고 옆으로는 찰싹대는 파도 소리를 들으면서 도란도란 이런 얘기 저런 얘기를 하면서. 가다가 제주 4.3사건 기념비를 보면서 참혹했던 그때의 일을 지금의 푸른 바다가 묵묵히 지켜보고 있다는 이야기. 『순이 삼촌』의 현기영 소설을 얘기하면서 제주의 자연에 빠져 한참 걷다가 택시를 타고 리조트로 들어갔다.

체크인하고 보니 다른 사람들 손에는 저녁 끼니가 들려 있는데 우리는 대책이 없었구나. 아무것도 없다. 다행인 것은 비싼 한식 식당과 편의점, 그리고 통닭집이 있다는 데 한숨을 쉬었다. 너무 걸었을까? 숙소에 도착해서는 누가 먼저랄 것도 없이 '아이고' 소리를 연발하면서 누워버렸다. 야경이 멋지다고 하던데. 쿨쿨. 한참 만에 일어나서 통닭을 시키고 편의점에 들러 소주와 맥주, 그리고 컵라면과 군고구마를 사 들고 들어왔다. 기분 좋은 밤에 한 잔은 보약과 같았다. 낯선 곳에 있는 설렘과 파도 소리의 낭만은 살짝 들뜨게도 하지만 그냥 쿨쿨. 낮의 움직임이 너무 힘들었나.

아침이 밝았다. 뿌연 안개에 싸인 제주의 아침은 오늘 우도를 갈 수 있으려나 하는 걱정이 앞섰다. 그때 틱 하고 전해지는 문자 한 통 '오후 3시 20분까지 제주 공항으로 가십시오'

어찌 표를 구했나? 여수 공항으로 가는 것은 다섯 시 삼십오 분 비행기밖에 없는데. 여하튼, 우리는 아침 식사를 하고 경치 구경에 나섰다. 어제저녁만 해도 불평투성이었던 리조트의 모습은 환상이었다. 아기자기 꾸며 놓은 곳이며, 둘레를 둘러싸고 있는 경치를 확인하는 순간, "와~" 더 이상 무슨 소용이 있으랴.

  열 시에 출발해서 성산항으로 갔다. 외도 가는 배는 한 시간 간격으로 있는데 사람이 많으면 수시로 움직인다고 했다. 우리는 배를 타고 외도로 향했다. 파도 뒤로 따르는 갈매기는 연신 먹이잡이에 열중이고, 난 배 뒤편에서 보이는 성산 일출봉을 보느라 여념이 없는데, 찰깍찰깍 찍어대는 소리는 그런 내 모습을 찍고 있는 내 옆지기 모습이다. 이런 것이 행복일진대.

  외도에 내렸다. 남들은 전기차를 타고 한 바퀴 돌아보는데 우리는 순환버스를 타고 다니기로 했다. 일 인당 육천 원 하는 버스는 홀짝제로 움직이는데, 홀숫날은 우두봉부터 움직이고, 짝숫날은 우두봉이 가장 나중 코스라고 한다. 우리는 처음 코스인 우두봉에 내려 외도의 전경을 바라보고 내려와서 다음 버스를 탔다. 외도는 사면이 바다라 어디에서 보든 멋진 경관을 볼 수 있었다. 하지만, 비행기 표가 없는 우리는 외도를 빨리 빠져나오는 것이 급선무였다. 아무리 바빠도 여행의 참맛은 식도락, 외도는 지금 문어와 뿔소라가 제철이다. 각 한 접시씩 시켜서 소주 한 잔씩. 씹는 식감이 육지 것은 비할 수가 없다.

다시 배를 타고 성산으로 나왔다. 조금 여유가 있어 두 시에 버스를 탔다. 제주 공항까지는 세 시 삼십 분 도착. 한참을 달리고 있는 버스에서 울리는 전화벨 소리, 시간은 세 시 십 분을 지나고 있다.

"김여사님! 어떻게 합니까? 아직까지 비행기 티켓을 구하지 못했습니다. 사천으로 오시면 제가 모시러 가겠는데, 저녁 8시 비행기랍니다."

"네. 알겠습니다. 녹동 가는 배가 있을 겁니다. 지금 제주항으로 가 볼게요."

대책 없는 우리. 왜 될 거라고만 생각했을까? 안 될 수도 있는데 버스에서 내렸다. 택시를 타고 제주항으로 달려갔다. 네 시에 출발하는 여수항 배가 있고, 네 시 삼십 분에 출발하는 녹동항 배가 있다. 여수는 다섯 시간 삼십 분이 걸리고, 녹동은 네 시간 삼십 분이 걸린단다. 생각 같으면 녹동항으로 가고 싶지만, 우리를 데리러 오실 분이 여수에 계시니 여수행을 택했다.

어마어마한 크기를 자랑하는 배는 편의시설도 잘되어 있고, 불편함 없이 밤 열 시에 여수항에 데려다주었다. 미안해하시며 그분이 나오시고 우리는 무사 귀환했다. 따지고 보면 무턱대고 떠난 여행인데, 엄청 신경 써 주신 분인데 미안하다고 계속 말씀하시는 게 더 미안하고 내 대접이 소홀하지 않았나 내심 걸린다.

집에 온 남편은 오늘 하루 종일 미션 수행하느라고 힘들었다고 하면서, 그래도 여행다운 여행을 다녀온 것 같다고 한다. 여행, 꼭 정해진 길만을 찾아가는 게 아니다. 여기저기 기웃거리기도 하고, 다른 이가 가 보지 못한 길도 가 보고 여행은 기다림의 시간이요, 인내의 시간이다. 행복한 1박 2일의 미션이었다.

(2021. 11. 22)

체면

 남들은 체면치레했다고 하지만 우리 엄마는 참 힘든 시간을 보냈을 것이다. 나에게는 동갑내기 사촌이 있다. 이 친구가 태어나고 얼마 후 큰아버지가 돌아가셨다고 한다. 젊디젊은 과부를 계집아이 보며 살게 할 수 없다고 할아버지는 등 떠밀어 재혼을 시켰다. 고아가 되어버린 사촌은 할머니에게 맡겨졌다. 할머니 역시 재혼한 상황에서 자식이 없으니, 서로 의지할 수 있는 버팀목이 되었을 거다.
 할아버지는 동네에 할머니랑 사촌이 살 수 있는 집도 마련해주셨다. 그런데, 이게 또 구설수에 올랐다. 조카딸 보기 싫어서 쫓아냈다고. 엄마는 그 모진 소리를 들으시면서도 묵묵히 집안일에 할아버지 시중에, 농사일도 마다하지 않으셨다.

 초등학교 입학했을 때도 첫딸이라 같이 가고 싶어도 체면 때문에 눈물을 훔치면서도 할머니 손에 보내야만 했고, 큰딸 옷이라도 해 주고 싶어도 조카딸이 걸려 옷 한번 못 해 준다고 하소연하시던 어머니. 조카딸은 할머니가 좋은 옷도 사다 입히는데 우리 딸은 밑에 동생들이 줄줄이 딸려 있어 옷을 사고 싶어도 못 사 준다고. 그래서 밤잠을 줄여가며 하얀 2층 치마를 만들어 주시던 어머니. 또 동네 사람들은 말한다. 지 딸만 챙긴다고. 엄마는 아무것도 딸한테 해 줄 수가 없었다. 그 체면이 뭐라고.

 호랑이 할머니라고 소문났던 우리 할머니, 아니 내 할머니 인적이 한 번도 없던 사촌네 할머니. 그 할머니는 계모티를 엄청 냈다. 1982년도에 광양제철이 들어오면서 김 농사를 못 하게 된, 우리 동네 아버지들은 자식들을 키운다고 제철 공사 현장으로 출근하셨다.

 우리 아버지도 그 당시 제철로 가시고 어머니는 그 많던 농사일을 소처럼 일하셨다. 그걸 알면서도 할머니는 본인 집 청소만 하고 우리 집은 거들떠보지도 않은 채 집 안 치운다고 구박만 하셨다. 엄마 입에서 조금 큰 소리라도 나면 또 사람들은 말한다. 계모라 저리 달려드는 거라고.

  엄마는 항상 피해자였다. 엄마 자식인 나도 피해자였다. 할머니 그늘은 포근한 그늘이 아니라 뾰족뾰족한 바윗덩어리였다. 누울 수도 없고 서 있을 수도 없는 바윗덩어리. 그 뾰족한 바윗덩어리에서 수십 년을 사는 동안 무뎌진 어머니에게 할머니의 치매 소식이 들려왔다. 심술쟁이 노인네가 되어서는 말로만 듣던 똥 싸서 벽에 바르기는 기본이요, 금방 먹고 돌아서서는 욕지거리를 하면서 '저년이 날 굶기네' 고래고래 소리 지르는 것은 일상이 되었다. 또 사람들은 그런다. 계모라서 나 몰라라 한다고.

  할머니가 돌아가셨다. 조카딸도 시집을 갔다. 엄마의 체면치레는 끝났다. 사람들은 그랬다. 정말 고생했다고. 당신이나 되니까 참았지, 그걸 누가 참고 그 힘든 시집살이를 살아 내겠냐고. 난 엄마한테 그랬다. 체면치레는 아니라고. 진짜 지극정성으로 모신 사람은 엄마였다고. 어느 누가 제멋대로인 그 사람을 그렇게 챙겼을 거냐고. 체면으로만 모시는 것이었으면 다른 사람도 다 알았을 거라고. 엄마는 그래서 효부상까지 받지 않았느냐고.

  엄마는 그러신다. '조금 더 잘했더라면 더 살 수도 있었을 텐

데….'

아니야 엄마! 엄마는 최선을 다했어. 사람이 체면치레로 할 때도 있는데 엄마는 그야말로 마음으로 모신 거야. 그래서 난 엄마가 사람을 섬기는 것도 진심을 다해야 한다는 것을 몸으로 직접 보여주신 게 너무 고마워. 그리고 엄마가 우리 엄마라, 감사하게 생각해. 엄마 고맙고! 사랑해!

(2022. 5. 19)

4

홀로서기

내 집 짓기 1

2022년 올해 목표는 농가 주택으로 집 한 채 짓는 것이다. 이월에 면사무소에 농가 주택 신청을 해야 한다. 그 또한 조건이 까다롭다. 우선 농지 원부(본인이 본인 땅을 경작하고 있다는 문서)가 있어야 하고, 조합원이면 더 좋다. 나는 조합원은 아니지만, 농지 원부를 가진 농부이기에 해당이 된다.

동네 이장한테 이 사실을 말하고, 신청 날짜가 언제인지 여쭈었더니 담당 직원이 병가를 내서 조용히 넘어가는 바람에 날짜가 지나버렸단다. 방법이 없다고 하시면서 직접 면사무소를 방문해 보라고 한다. '진짜 형편없는 이장이구먼' 속으로 소리를 꽥 지르면서 면사무소를 찾아갔다. 담당자는 마감이 되었지만, 내년이라도 지으려면 신청을 하고 가란다. 괜히 속상하고 절박한 심정이 되었다.

"혹시 올해도 가능할까요?"

"글쎄요. 올해 마감은 끝났는데 혹시 또 모르죠? 신청자들이 이런저런 이유로 못 짓는다고 하면 다음 사람한테 가곤 하니까요."

"네. 그럼 자리가 비면 연락 주세요!"

그렇게 면사무소를 나왔지만 반신반의했다. 요즈음 러시아 전쟁으로 물가가 천정부지로 뛰고 있으니 어쩜 기회가 있을 수 있겠다 싶기도 하고.

시간은 잘도 흐른다. 뜬금없이 큰딸이 결혼한다고 남자를 데리고 왔다. 같은 직장에서 만난 사람이라면서 서로 좋아하는 모습이 이뻐 보였다. 결혼을 일사천리로 진행되어 내년 5월에 예식장을 예약했단다. 코로나19로 예식장은 틈이 없어 오월도 단 하루 남았단다. 어쩐지 집을 짓고 싶더라니.

'새로운 사람이 들어오는데 낡은 한옥은 싫은데 어쩜 좋아. 저놈의 이장. 짜증 나게' 날은 받아놓고 또 이것저것 준비를 하고 있는데 면사무소에서 연락이 왔다. 진짜 집을 지으려고 하시냐고. 앞 사람들이 줄줄이 포기하는 바람에 나한테까지 온 거란다.

"네. 당연히 해야지요."

유월이 되었다. 서서히 집 짓는 준비를 해야 한다. 업자도 선정해야 하고. 다른 사람들은 통으로 업자한테 맡기는데 지금 평당 700만 원이란다. 삼십 평을 지으려고 하니 2억이 훌쩍 넘는다. 그래서 선택한 방법이 직영이다. 직영은 업자 없이 그날그날 인부를 불러서 집을 짓는 방법이다. 나는 건축에 대해서는 잘 모르지만 어찌 될 것도 같았다. 인맥을 총동원하는 방법으로 선택한 것이다.

먼저 내장공사를 할 사람을 물색했다. 남편은 판넬까지 붙이고 내장을 알아보자고 했지만 그렇게 해 줄 사람이 많지가 않아서 우선 내장공사를 할 지인을 만났는데 기초부터 다 한단다. 자기 식구들이 있으니 기초부터 하면 내부를 잘 알 수 있으니 통으로 주면 일대만 받고 직영으로 한단다. 남편도 그렇게 하자고 해서 업자선정은 끝이 났다. 내가 현장감독을 하고 내장 오빠가 현장소장이 되는 것이다. 이제 남은 것은 설계도면. 문학단체에서 같이 활동하는 설계사분이 맡아 주기로 했다. 친구가 설계하는 친구가 있으니 싸게 해 준다고 했지만 나는 내 지인을 선택했다. 친구 입장이 있으니 서로가 난처해질 것 같아서다. 내 성격 탓인 걸 어쩌랴. 그렇게 유월은 마무리가 되었다.

(2022. 9. 13)

내 집 짓기 2

7월이 되었다. 아직 정해진 것도 없으면서 마음만 바쁘다. 9월 추석 지나고 날짜를 잡았다. 서서히 짐을 싸기 시작했다. 마음으로는 천천히 천천히를 되뇌고 있지만, 손은 무엇인가를 해야 안심이 된다. 겨울 이불 짐을 싸고 또 다른 이불 짐을 내고 하지만 그 짐들은 또 다른 짐이 되어 발에 밟히고 있다.

우선 순서를 정해야 한다. 설계사 선생께 여쭤보니 제일 먼저 파옥 신청을 하고, 아래채 슬레이트 철거도 해야 한다고 해서 면사무소를 갔더니 시청으로 가란다. 시청에서 파옥 신청은 했는데, 또 슬레이트 철거는 면사무소에서 신청하고 다시 시청으로 올라와야 한단다.

슬레이트는 석면사용으로 심각한 유해성이 확인되어 사용이 금지된 상태다. 즉 폐암이나 호흡기질환을 유발할 수 있는 1급 발암 물질이라 철거 과정에서 물질이 흩날릴 수가 있어 정부에서 슬레이트 지붕 철거비용 지원 사업을 진행하고 있다. 선정이 되면 전문가가 철거해야 한다.

상급기관인 시청에 왔는데도 안 된단다. 그럼 처음부터 이렇게 하라고 가르쳐 주든지. 다시 면사무소로 할 일 없는 사람처럼 돌아다녔다. 나온 김에 농협에 들러서 대출 건에 대해 알아보았더니 서류만 한 보따리다. 내가 내 집을 담보로 대출을 내는데도 무슨 서류가 그렇게 복잡한지. 서로가 서로를 못 믿고 살고 있는 것이 분명하다.

또다시 집에 와서 무언가를 싸기 시작했다. 벌써 한 달을 싸고 있는데, 아랫방에 책 정리 끝나고, 겨울옷 싸고, 이불 짐 싸서 한쪽에 놓아둔 것이 다.

파옥을 하려고 보니 포클레인이 필요하여 포클레인 하는 남편 친구를 만났다. 9월 추석 지나고 하자고 했더니, 석 달이 걸리면 추운 겨울이 되니까 8월에 하잔다. 마음이 바빠졌다. 날짜를 당겨서 8월 16일로 파옥 날짜를 당겼다. 남편과 상의 결과 아무래도 빠른 게 나을 것 같다는 결론이 난 것이다.

다시 일정을 조정했다. 먼저 설계를 뽑아야 하고, 시청에 서류를 넣어야 하고, 이삿짐도 가을까지 옷은 빼야 하고, 먹고살 것은 마지막에 포장하면서 다시 제일 먼저 쓸 수 있어야 하고, 생각만 한 보따리 묶었다 풀었다 하고 있다. 7월 말이 되었다. 원룸을 계약했다. 한 달 주기로 한다고 해서 부랴부랴 두 달을 쓰기로 하고 덜컥 계약부터 했다. 그렇게 칠월은 생각의 보따리로 마무리했다.

(2022. 12. 9)

내 집 짓기 3

 8월이 되었다. 1~3일이 남편 휴가 기간인데 우리 집은 더위도 잊은 채 짐 싸기에 여념이 없다. 혼자서 낑낑하는 것보다는 그래도 남편이 옆에 있으니 일이 돌아가는 것 같다. 면사무소에 가기 전에 신혼 초부터 써 왔던 장롱이며, TV와 서랍장이며, 큰 살림살이 사진부터 찍었다. 내가 버린 만큼 다시 사야 한다는 것을 알면서도, 새집에는 헌 물건을 넣고 싶지 않아서 자질 자질구레한 짐들은 다시 분리했다.

 면사무소에서 대형 폐기물 스티커를 발부 받으면서 먼저 찍었던 사진을 보여주니 수월하게 스티커를 발부한다고 직원이 좋아한다. 스티커를 발부받아 대형 짐을 하나씩 빼내기 시작했다. 큰 짐이 나가니 휑하기는 해도 눈에 보이는 집짓기의 시작을 보여주는 것 같다. 이젠 물건이 제자리에 없으니 찾아 헤매기 일쑤다. 어디로 물건이 숨어 버렸는지 찾으려면 다시 풀어야 했다.

 안 되겠다. 버릴 것은 과감하게 버리고 대충 짐을 싸서 원룸으로 들어가서 짐을 펼치기로 했다. 많이 버렸다고 해도 삼십 년 짐이라 이리저리 뿔뿔이 흩어질 수밖에 없었다. 냉장고, 세탁기 등 가전제품은 옆집 창고로, TV나 옷가지, 그리고 삼십 년간의 가계부는 남편 사무실로, 습기 먹으면 안 되는 책이랑 그림은 내장 오빠 사무실로, 살림살이는 원룸으로. 대충 분산을 시키는데도 막상 찾으면 없는 것투성이다.

 15일 날 마지막 철거를 했다. 내장 오빠가 집을 짓기로 하고, 나머지는 직영으로 처리하기로 했다. 다행히도 모든 일이 일사천리로 진행되었다. 설계도가 늦어서 걱정했는데, 그래도 일을 할 수 있도록 제때 나와서 다행이었고, 아래채 슬레이트도 여름에 안 한다고 으름장을 놓더니, 제날짜에 와서 처리해 주니 고맙기만 하다. 감사하게도 하늘이 도와서 일을 할라치면 구름이 해님을 가려주니 덥지 않아서 다행이라고들 했다.

 16일은 아침부터 비를 뿌린다. 우리 집 추억이 땅속으로 묻히는 날이다. 포클레인 공사를 하면 먼지가 많이 나서 물을 뿌려야 하는데 하늘이 비 님을 내리니 포클레인 소리만 요란하다. 조금씩 무너져가는 흙담 속에 환하게 웃던 아이들의 모습이며, 동네 사랑처럼 드나들던 이들의 모습도 주마등처럼 지나간다. 찰각찰각 연신 카메라를 누르면서 먼지 속의 눈물을 훔친다. 고생했다.

17일부터 뒷집에서 담을 쌓기로 했는데 비로 며칠 미루어지고, 20일부터 돌 작업이 시작되었다. 보통 인부는 2인 1조 형식이다. 기술자 한 명에 보조 한 명. 우리 집은 담이 길어서 2조가 투입되었고, 이틀 공사로 시작했다. 하루 쌓을 수 있는 양은 보통 이백오십 덩이인데, 여름에는 더워서 이백 덩이 이상은 쌓을 수가 없단다. 공사가 시작되었다. 오늘도 구름은 해님을 살포시 감싸고 있다. 포클레인이 올려주고, 보조 인부가 옮겨주고, 기술자가 자리를 잡고, 무더위가 한창인 8월에 이백오십 덩이 돌을 다 쌓았다. 인부들도 이런 경우는 드문 일이라며 본인들이 뿌듯해했다.

그렇게 이틀을 쌓고 석공들은 철수했다. 시청에서 준공허가가 떨어졌다. 소문에는 9월이면 모든 자재가 오른단다. 대충이라도 물건을 확보해야 하는 상황이다. 어제 가격과 오늘 가격이 차이가 나기 시작했다. 부랴부랴 넉넉하게 물건을 댕겼다. 미리 선불해 주고 물건 확보를 하면서 공사 시작을 알렸다.

  그렇게 늦더위 8월은 무너진 우리 집 추억과 함께 지나가고 있었다.

(2022. 12. 9)

안면도 가는 길

 일요일 친구 딸 결혼식이 있어 인천을 가기로 했다. 아침 일찍 광명역으로 해서 인천으로 가는 게 제일 빠른 길이라 한다. 모처럼 나들이에 다시 순천으로 돌아오기가 서운하여 인천에 사는 친구에게 전화를 걸었다.

"언니 인천 간다."

"언제?"

"이번 주 일요일."

"바로 내려가야 하니?"

"아니, 하루 정도는 시간이 돼."

"어디서 만날까?"

우린 당연한 듯 약속을 했다.

"결혼식장에서 보자."

"몇 신데?"

"한 시."

"끝나면 전화해."

"왜?"

"어디로 갈 건지 결정해서."

"야! 안면도 가자. 바닷가로."

"안면도?"

그렇게 또 안면도로 결정이 되었다. 친구에게서 또 연락이 왔다. 차를 두고 버스를 타고 가려고 하니까 차 시간이 안 맞는단다.

"인천에서 2시 차랑 4시 반 차밖에 없어? 시간이 어중간하지 않아?"

"그럼 4시 반 차 타."

"너무 늦으면 바다를 못 보는데."

"왜 못 봐, 밤바다 좋지 않아? 난 밤바다가 더 좋던데."

"그래도 두 시차는 타야지."

"야! 결혼식이 한 시야, 주객이 전도됐네. 나 결혼식 땜에 가는 거거든."

"어중간해서."

"천안으로 가자. 거기서 안면도는 차가 많아."

"천안? 왜 힘들게 돌아다녀. 인천서 가면 바른데."

"그쪽이 훨씬 빠른데. 시간도 좋고."

일요일 아침. 7시 42분 KTX로 광명역으로 갔다. 다시 인천으로. 열두 시에 친구랑 결혼식 로비에서 만났다. 식장에 들러 인사만 하고 밥 먹고 다시 나왔다. 구례 사는 친구가 합세하고, 친구가 차를 가지고 왔다. 우리는 얼떨결에 셋이 되었다. 버스도 피곤함도 뒤로하고 안면도로 향했다. 푸른 파도가 나를 부른다. 일요일이라 반대편 차도는 주차장을 방불케 했다. 우리는 순풍에 돛을 단 듯 신나게 달렸다. 휴게소에도 한 번 들르지 않은 채 달려간 안면도 바닷가.

가슴이 울렁거린다. 물빛에 비친 이글거리는 태양도 뉘엿뉘엿 고개를 숙이고 밀려드는 파도 소리는 귓가에 머문다. 비릿한 바다 냄새는 아니어도 넘실거리는 생기에 난 흠뻑 빠졌다. 숙소에 여장을 풀고 또다시 찾아간 바닷가. 하얀 모래사장에 신발을 벗고 걸어도 보고, 파도에 발도 담가 보고.

새벽 두 시. 피곤함에 잠을 자야 하는데 철썩이는 파도 소리는 단잠을 깨운다. 철썩 쏴아아. 바위가 없어 파도 부서지는 소리는 가파르지가 않다. 세찬 바람이 부는 듯, 밀려왔다 밀려가는 그 소리에 곤한 눈을 감아봐도 또 파고드는 아련한 추억인 양 그 소리에 빠져든다.

  오늘 밤. 딴 장소에서 다른 생각을 하며 지내는 이 기분이 찡하게 좋다.

(2017. 9. 21)

내가 시한부 인생을 산다면

내 나이 스무 살. 의사 선생님은 이렇게 매일 아파서 병원에 오면 서른을 넘기기 힘들다는 시한부 이야기를 하셨다. 하고 싶은 일 맘껏 하면서 보내야 건강에도 좋고 수명을 연장하는 방법이라고 말씀하셨다.

처음에는 눈물이 났다. 앞으로 십 년. 아직 어린 나이인데, 할 일이 얼마나 많은데 고작 십 년의 세월로 뭘 어쩌란 말인가? 두 번째는 화가 났다. 왜 하필 나에게 주어진 운명이 이것밖에 안 된다는 말인가? 다른 사람들은 재밌게 웃으면서 살고 있는데 난 무슨 죄를 지어서 이렇게 힘든 소리를 들어야 하는가? 그다음엔 체념이 되었다. 그래 십 년의 세월이면 얼마야?

심한 사람은 석 달도 힘들다고 하던데 나에겐 십 년의 세월이면 3650일이나 남은 날인데. 무엇을 먼저 할까? 울고 있기에는 너무 아까운 시간이고 화만 내기엔 너무 허망한 시간이다. 딱히 정리할 것도 없는 스무 살 내 생애.

사랑을 했다. 헌신적인 사람. 병원 침대 옆 간이침대가 자기 자리인 양 지켜주던 사람. 하지만 정을 주고 싶지 않았다. 얼마 남지 않았는데. 그 사람이 딱했는지 의사 선생님이 말씀하셨단다. "둘이 무슨 사이요?" "제가 사랑하는 사람입니다." "내 동생 같아서 하는 말인데, 저 어린 나이에 매일 산소 호흡기나 끼고 있고 얼마 남지도 않은 것 같은데 젊은 사람이 안타까워서 그러니 더 이상 힘들지 말고 그냥 헤어지는 게 좋지 않겠소. 나도 보호자한테 이런 말 하는 사람은 아닌데 참 그렇소." "감사합니다만 제가 알아서 하겠습니다." "젊은 사람이 쯧쯧 자식 나오면 수명이 더 짧아지니 자식은 안됩니다." 하지만 자식도 필요 없고 나만 있으면 된다는 달콤한 꼬임에 넘어가 얼마 남지 않은 생을 그 사람과 살기로 했다.

우리에게 아이가 찾아왔다. 아이를 낳으면 수명이 단축된다는 그 말에 더 짧아진 남은 시간이 두려워 아이가 빨리 홀로서기를 원했고, 엄마 없이 자랄 수 있도록 그 어린아이에게 모질게도 대했다. 또다시 태어난 작은 영혼 점점 심해지는 병원 생활. 무책임한 부모가 되어 외가로 한달살이를 보내던 날 큰아이는 씩씩하게 "엄마! 나중에 봐."해 맑게 웃고 떠나는데 눈물이 앞을 가렸다. 왜 하필 나에게서 태어났을까? 내가 지금 무슨 짓을 저 어린 것들에게 한 것인가? 후회가 되었다. 조용히 사라지면 되는 것을. 나에겐 내 삶도 중요했지만 남은 내 가족들의 생도 중요했다. 그래서 항상 바빴다. 내가 없는 삶. 그들에겐 어쩌면 나보다 더 힘든 삶이 될 수밖에 없는 것이기에….

남은 시간이면 우리 큰애가 초등학교에 들어갈 텐데, 엄마 손이 많이 필요한 나이가 될 텐데. 만감이 교차한다고 할까? 저녁이면 애들이 불쌍해 눈물로 지새운 밤이 늘어갔다.

큰 애가 초등학교에 들어갔다. 작은 애도 학교에 들어갔다. 바쁜 시간 속에 사랑을 듬뿍 주며 받으며 10년이라는 세월이 훌쩍 지나갔다. 아니 나에게 주어졌던 10년이라는 세월을 잊어버렸다. 그냥 하루하루가 아이들 소리에 행복하고 달콤했다. 아이들 커가는 모습이 마냥 좋았고, 짜증 나면 짜증 난 대로 투덜거리고, 서운하면 서운한 대로 화도 내고 평범한 하루가 보태져 갔다.

사람은 누구나 시한부 인생을 산다. 단지 그 기간이 짧고 길다는 차이일 뿐. 한때는 그 인생을 동경하기도 했다. 주어진 시간. 정해진 시간이면 정리할 수 있는 시간이 될 텐데. 막연히 병원 침상 언저리에서 떨고 있는 내가 가여워서. 하지만 아파 해왔던 만큼 비우는 연습 끝에 하루하루를 웃으면서 살 수 있어 좋다.

벌써 27년이 지난 이야기다. 그 당시 의료 기간에서는 알레르기에 대해 자세히 모를 때였으니 조심하면 될 사람도 시한부로 만드는 헤프닝도 일어났을 것이다. 아마도 아이들이 태어나면서 호르몬 변화가 있었던 모양이다. 지금도 함께 살고 있는 남편은 "그때 죽을 줄 알고 새 장가 한 번 더 가려고 했드만." 농담인지 진담인지 너스레를 떤다. 난 오늘도 이렇게 앉아 글을 쓰면서 힐링한다.

며칠 전 작은 애가 그런다. 엄마가 오래오래 살았으면 좋겠다고. 웃으면서 대답해 주었다, "아마 힘들 거야. 너무 욕심이 과해도 안 되는 거야. 지금까지 살아온 것도 고마운데 단지 하루를 잘 살다 보면 지금처럼 오래오래 견딜 수 있을지 모르지."

(2016.)

올림픽을 보면서

 2016년 뜨거운 여름. 지구의 반대편 브라질 리우에서 올림픽이 개최되었다. 올림픽의 뜨거운 열기를 자랑하던 TV에서는 중계를 연일이었고, 관심 없는 나 역시 우리나라가 금9, 은3, 동9개로 종합 8위라는 소식도 듣게 되었다.

 어렸을 적 나는 또래보다 키가 크고 운동도 잘했다. 그래서 달리기며 싸움이며 자치기, 공기놀이 등 못 하는 게 없었다. 우리 동네는 시골 오지였다. 한 30여 가구 되는 조그마한 마을인데, 우리 또래만 9명이니 많은 편이다. 하지만 또래 중에 상대가 없었던 나는 3년 위 언니들이랑 친구들을 데리고 다니며 놀았다. 또래 중에서는 골목대장이었다.

초등학교 1학년. 10리 길을 걸어서 학교 갈 땐 친구들을 모아서 다녔고, 하교시에도 친구들을 먼저 챙겼다. 기초체력 검사를 할 때도 100m 달리기를 17초에 주파해서 담임선생님은 운동을 해 보면 어떻겠느냐고 하실 정도였다. 나는 달리기도 잘하고 공부도 잘하고 싶은 욕심쟁이 어린이였다.

하지만, 1학년 여름방학 전 갑자기 쓰러진 나는 새장에 갇힌 새가 되어야 했다. 사람들은 주위에서 천질이다. 귀신이 붙었다. 여러 말들을 하지만 정작 병원에서는 병명을 알 수 없다고 했다. 평상시에는 멀쩡한 사람이 어느 순간엔 호흡곤란으로 숨을 쉴 수 없는 생과 사의 갈림길에서 울어야 했던 것이다. 나도 달리고 싶었다. 하지만 호흡곤란으로 체육 시간은 열외였다. 주번을 대신해 교실 지킴이가 되었다. 더 심해지는 호흡곤란으로 학교에서는 멀어지고 병원 침대에서 생활하는 횟수가 늘어만 갔다. 초등학교를 졸업할 때까지도 병명은 없었다.

당시 서울에 집 한 채 값이라는 백만 원을 들고 연세대 세브란스 병원에서 전신검사를 했지만, 갑자기 발작하는 원인을 찾을 수 없다고 했다. 그렇게 시간이 흘렀고 나는 또 그렇게 성장했다. 출석 일수 부족으로 6학년에도 못 올라갈 상황까지 가야만 했다. 그래도 그땐 정이 있었을까? 담임선생님 조작(?)으로 6학년이 되었고 졸업을 했다.

하지만 나는 운동장과는 항상 거리가 멀었다. 내가 설 자리는 그 넓은 운동장에는 없었다. 슬펐다. 내 자리를 만들고 싶었다. 그러나 그러면 그럴수록 내 몸은 더 힘들어졌고 의사 선생님은 아무것도 하지 말라고 하신다. 그 이후 나는 운동장에 서지 않았다. 그리고 운동경기는 보지 않았다. 올림픽 역시 보고 싶지 않다. 땀 흘리는 그들. 그 땀에서 느껴지는 진한 건강함이 눈물이 날 만큼 그리워져서 난 차마 보고 싶지 않은 것이다.

또 눈물이 난다. 내려놓음을 배우면서 하나씩 포기했던 나만의 아픔들. 올림픽을 들으면서 무심한 듯 아니 전혀 나와는 상관없는 일인 듯 그냥 지나쳐 버린다.

(2016.)

홀로서기

 답답함의 연속이다. 2021년 5월의 뉴스 톱은 단연코 코로나 19 확진자로 시작한다. 어제도 몇백 명이고 오늘도 몇백 명이라는 소리는 이제 어떡하냐를 넘어서서 소음처럼 들린다. 이 우울감에 집 밖으로 나갈 수 없다는 허탈감으로 살아가는 것이 버겁게만 느껴진다.

 집 안을 둘러보니 며칠 전에 심어 놨던 고추, 가지, 상추 등이 더위에 지친다고 물 타령을 하고 있다. 담벼락엔 수줍은 얼굴을 내민 노랑 장미가 한번 쳐다보라며 살짝 쿵 미소도 보이건만 왜 눈으로는 보이는 것이 마음엔 들어오지 않는 건지. 밤이 되니 분홍 달맞이꽃이 향긋한 향내를 풍기며 기운차리라고 소곤소곤 말을 걸어오고, 양다래 기둥엔 다래꽃이 달빛을 받아 하얀 치아를 보이며 웃어 보이는데….

 코로나는 사람을 늪에 빠져 허우적거리게 만들고만 있다. 미치도록 탈출하고 싶은 맘에 무작정 집을 나왔다. 백제 문화권이 보고팠다. 세련미가 넘치지는 않지만 단아한 멋이 있는 백제 문화권. 기차를 타고 익산으로 달렸다. 눈물이 날 만큼 힘들었나 보다. 기차 안에도 코로나로 인하여 창가 쪽 좌석만 승차했고, 마스크는 필수라고, 또 음식물 섭취도 금지한다고 계속 방송을 하고 있다. 기차의 낭만이 사라지는 순간이다.
 익산에 내렸다. 타 도시가 주는 안도감. 내가 지금 여기서 미쳐도 아무도 모를 것이라는 해방감은 잠시나마 행복감을 안겨준다. 무작정 걸었다. 여기가 어디인지 내가 지금 어디를 가고 있는지. 다가오는 버스를 탔다. 버스가 흔들리는 대로 몸을 맡긴 채 밤거리를 바라보았다. 여느 도시처럼 휘황찬란한 불빛에 내렸다. 무작정 보이는 식당에서 소주를 시키고는 허기진 내장을 달랜다. 싸한 소리를 내면서 목을 타고 내리는 슬픔이 좋다. 무엇을 먹었을까? 어떤 안주를 시켰는지도 모른 채 마신 소주는 얼큰한 기분에 살짝 들뜨기도 한다. 거리로 나왔다. 가까운

곳에 있는 모텔로 들어가 혼자라는 외로움에 전화를 걸었다. "언제 들어와?" 남편의 한마디가 가슴을 울린다. "나 지금 익산 왔어. 오늘 못 들어가." "헐!" 그렇게 전화를 끊고 펑펑 울었다. 내가 왜 여기에 이렇게 있는 걸까?

아침에 다시 익산역으로 나와 장항선을 탔다. 서해안 바닷가를 도는 장항선. 그리고 빠른 개항으로 수탈의 장소가 되었던 군산. 군산에 내렸다. 여기저기 둘러보아도 수탈의 흔적은 없다. 역사의 잔재가 남아 있을 그 시기에 개발에 목매달게 했던 경제 발전. 지금 군산 모습은 허탈한 내 마음 같다고나 할까? 새만금 방조제가 그렇고, 근대 역사박물관이 그럴진대 내 마음엔 조정래의 『아리랑』이 보이지 않아 발길을 돌리고 싶었다.

외롭다. 불현듯 삼십 년 지기 언니가 생각났다. "언니! 오늘 뭐하슈?" "오늘은 한가한디 왜?" "오늘 점심이나 먹을까?" "순천 가기는 그렇고." "아니 내가 군산으로 가는 건데." "진짜? 언제 올 건데. 몇 시에 볼 거야?" 그렇게 약속을 잡고 목포 친구한테 전화를 했다. 빨리 군산으로 오라고. 요가원 원장인 친구는 오늘 시간이 비었다고 점심시간에 군산으로 집결을 했다. 삼십 년 전 서로 배불러서(임신) 만난 사이라 굳이 말을 하지 않아도 서로의 기분은 알아차리다 보니 이런저런 얘기에 시간 가는 줄도 모르고 하룻밤을 꼬박 새우고 말았다. 그렇게 군산의 밤은 조금씩 내 마음을 달래고 있었다.

'그래 나만 힘드냐? 여기 있는 모두에게도 말 못 할 아픔들이 있어 이곳에 있을 텐데.' 마음을 다스려 본다. 그리고는 씨익 웃어본다. 이렇게 고비를 넘기다 보면 나 역시 한 고개 넘으면서 홀로서기에 성공하지 않을까 하고. 코로나가 이 세상을 암흑으로 몰고 갔지만 그래도 한 가지는 내 마음을 들여다볼 여유를 준 것 같다.

돌아오는 길, 집에 심어 두었던 가지랑 고추랑 상추는 잘 자라고 있는지 밤이 되면 더 진한 향내를 내뿜는 분홍 달맞이꽃은 비에 젖지 않았는지. 이제야 내 주위에 있는 모든 것이 눈에 밟힌다. 이런 마음을 이해해 주는 남편이 있어 나는 울면서도 행복을 알았고 쓰러지지 않을 힘을 얻을 수 있어 발걸음이 가볍다. 행복 충전은 같이 아니 홀로라도 할 수 있다는 건 또 하나의 성장이 아닐까?

(2021. 5. 21)

꽃 진 자리

이태 전 하동 화개장터에 갈 일이 생겼다. 이리저리 둘러보다가 치자가 눈에 들어왔다. 아직 때 이른 3월인데 웬 치자? 2월에 나무 파는 집에 들러 치자나무를 물어봤더니, 3월경에 나오는 치자는 꽃만 피는 치자고 5월경에 나오는 치자가 열매 치자나무란다.

나는 물을 들일 수 있는 열매 치자를 원하기에 그냥 지나치려다가 "아저씨! 이거 치자 맞지요?" 하고 물었다. "예. 맞지요." 시원하게 대답하는 아저씨에게 "열매 치자는 조금 있다가 나온다면서요?" "이게 열매 치잔디요. 좀 일찍 캤드마는 잘 안 사네요." "그래요." 그렇게 이른 봄에 치자나무 하나를 우리 집으로 데리고 왔다.

집에 와서 땅에 심어놓고 물을 줬지만 시들시들. 추워서 그러나 싶어 부직포를 덮어줘도 시들시들. 에라 모르겠다. '살려면 지가 알아서 살겠지.' 간간이 물을 주면서 여름이 되었다. 아무리 봐도 아직 어려서 그런지 아무 변화가 없다. 아니 조금 커지면서 물이 부족한지 잎을 떨구면서 말라갈 뿐이다. '이를 어째. 너무 일찍 데려와서 하나의 생명이 사그라지는 모양이네.' 안타까운 마음만 앞선다.

여름 지나 가을, 겨울이 지나도록 까맣게 잊고 있었던 치자나무가 봄이 되니 연두색 잎사귀를 내민다. '살아 있었구나. 고맙다.' 작년과 똑같이 꽃은 없고 잎을 떨구고 메마르고 '아무래도 수놈 치자를 사 온 모양이여. 나무는 암놈허고 수놈이 옆에 있어야 헌더고 허드만 아무래도 저놈이 수놈인 거제. 그냥 치자나무 하나 있다고 생각해야지' 시간은 그렇게 흘러갔다.

벌써 치자가 이사 온 지도 이태가 되었다. 어느새 한자리 떡 버티고 앉아서 이리저리 둘레둘레 보면서 새로 이사 오는 나무들을 끄덕이면서 인사를 나눈다. 올해는 단감나무, 대봉 감나무, 살구나무를 심으면서 먼저 온 치자나무에게 잘 부탁한다고 너스레를 떨었다. 매일 아침 밭가에 심어져 있는 나무들을 보면서 문안 인사를 건네며 병충해는 없는지, 목이 마른 것은 아닌지 세세히 살피게 되었다. 이제는 한쪽 끝에 있는 치자나무는 건성으로 지나간다.

  5월이 되었다. 치자가 방긋방긋 웃으며 초록초록, 반짝반짝거린다. "잘 지내고 있었어?" 잎사귀를 만지며 한 바퀴 도는 순간 하얀 치자꽃이 눈에 들어왔다. "어머나! 이뻐라." 달랑 한 송이를 힘겹게 피우고 당당하게 서 있는 치자나무. '나 정말 잘했지요?' 묻는 말에 "고생했다. 고생했어."

  매일 아침 인사를 하면서 치자에게도 들른다. 6월 어느 날 하얀 치자꽃이 떨어졌다. 뻥 뚫린 그 자리. 그 자리에 딱 꽃이 진 그 자리에 작은 싹이 나더니 열매가 맺혔다.

(2024. 6. 26)

슬픈 추억

때는 바야흐로 23년 전. 아들 형제만 다섯인 집안에 첫 딸을 낳았더니 남편은 정말 좋아한다. 하지만 세상의 엄마들은 아들을 갖고 싶은 로망을 가지고 있다. 나 역시 남아선호사상 밑에서 자란터라 아들이 있으면 좋겠다고 생각했다.

둘째 임신은 나름대로 계획적이었다. 아들을 낳고자 하는 일념으로, 다행히도 병원에서는 아들이란다. 과일만 먹고 살았던 큰애 때랑은 다르게 고기만 먹고 싶었고 뒤돌아서면 고기가 왔다 갔다 하고, 보는 어르신들도 아들 배라 통실하다고 하시고 이젠 아들만 낳으면 된다.

의사 선생님은 유도분만을 권했다. 큰애는 4kg에 59cm로 다른 애들 한 달 키운 애를 낳았더니 둘째 아이도 크고 산모 건강도 걱정이란다. 그래서 분만 날짜를 2주 당겼다. 3월 12일이 예정인 애를 2월 28일로 잡았다. 그때는 학교를 3월 1일부터 다음해 2월 28일까지 한 학년으로 잡았다. 만약 큰애처럼 하루 뒷날 아이가 태어나면 8살에 학교를 들어가야 하는데 그것도 아들인데 군대도 가야 하고 다시 날짜를 잡아 24일에 유도분만을 하기로 했다.

병원 들어가는 날 친정 엄마한테 전화를 했다.
"엄마! 나 애기 낳으러 병원 가."
"야~ 니는 뭔 개띠를 낳러 가면서 정월 대보름날 가냐?"
"괜찮아 엄마. 먹을 복 있음 내일이나 나오겠지."

호기롭게 갔지만 걱정이 되었다. 그날이 정월대보름. 개한테 1년 중 딱 하루 밥 안 주는 날. 나는 당당히 병원으로 갔다.

촉진제를 넣어도 산기가 없었다. 꼬박 하루를 병원에서 지내고 다음 날 아침 일찍 아기를 낳았다. 둘째라 하루 반나절 돌린 큰애랑 다르게 수월하게 낳았다. '아~하 아들이 태어났구나.' 응애 우는 소리 "축하합니다. 이쁜 공주님입니다." 믿을 수 없는 간호사의 목소리 "네, 아들 아니구요? 애기가 바뀐 게 아니에요?" 눈물이 줄줄 흘렀다. 그날 분만실엔 나 혼자 있었다. 한동

안 눈물이 멈추질 않았다. 열 달 동안 아들인 줄 알았는데. 시어머니와 친정엄마가 오셔서 담에 아들 낳으면 된다고 울지 말라고 하셨지만 나는 또 눈물이 났다. 참 슬펐다. 연락받고 온 남편은 내 맘도 모르면서 또 딸이라고 좋아했다. 그날 저녁 병원에 혼자 두고 남편은 오지 않았다. 친구들이 두 아이의 아빠가 되었다고 축하한다고 잡았다고 하지만 그 사람도 서운한 마음이 있었던 모양이다.

어느덧 23년이 지난 이야기다. 종종 작은 애에게 얘기한다. 그날 세상에서 젤 못생긴 딸아이를 낳았다고. 작은 애는 웃는다. 지금 이렇게 이쁘게 잘 자랐으면 되는 것 아니냐고.

(2016.)

인생은 축제하듯 살자

　몇 번 축제를 다녀왔다. 이것저것 구경만 하고 또 다른 곳으로 이동하고, 무언가를 알아서 가야 하는 사람처럼 그렇게 열심히 휘젓고 다녔다. 일요일 친구 네 명이 광양 다압 매화 축제 간다고 아침 일찍 출발했다. 옥곡(전남 광양시)에서 아침 열 시 어중간한 시간이 되어버렸다. 평소 삼십 분 거리라 넉넉잡아 두 시간이면 도착할 거라 생각하고 출발했다.

　웬걸! 도로는 주차장이었다. 한 걸음도 나갈 수 없는 그래서 돌릴 수도 없는 답답한 주차장에 갇혀버렸다. 엉금엉금 기어서 두 시간을 움직였지만, 아직도 갈 길은 멀고 친구들은 짜증의 연속이었다. 우리가 생각하는 관광지의 모습이 아니었다. 사람도 많았지만 이차선도로는 꽉 막힌 데다가 진상, 진월, 하동에서 모여드는 차량들은, 병목현상으로 움직일 수가 없었다. "안 되겠다. 차라리 우리 걸어가자." 그렇게 차를 한쪽에 세워두고 우리는 걸어서 움직였다. 우리뿐만이 아니었다. 여기저기서 걸어가는 사람이 많고 차는 운전자만 홀로 남아 움직이고 있었다.

공기가 다르다. 달짝지근한 매화 향내가 코끝을 헤집는다. 숨을 크게 들이마셔 본다. 역시 좋다. 코끝을 감싸는 그 향취에 잠깐 멈추어도 보고, 친구의 지인이 우릴 반긴다. 지금은 행사장이 되어버린 둑방길에는 옛날에는 섬진강 물이 범람하곤 했단다. 홍쌍리 여사가 시아버지랑 매실을 심고부터 관광지가 되기까지 진짜 빈촌이었다는 얘기를 해 주었다. 눈을 들어 산등성이를 바라보면 그곳엔 하얀 구름처럼 둥실 떠 있는 매화. 그 속에서 빠져나오고 싶지 않은 환상. 그 환상에 취해 여기가 다압이 아니라 낯선 곳 어딘가에 있는 착각마저 일으켰다.

장장 세 시간 만에 행사장에 들어온 우리는 우선 허기진 배를 소주와 식사를 하며 달랬다. 그래도 예까지 왔는데 사진 한 장 없을쏘냐? 밖으로 나와서 매화 속에 묻혀 사진을 찍었다. 청매의 하얀 꽃과 홍매의 붉은빛은 홀로가 아니라 함께의 아름다움을 선사했다.

이번엔 축제의 꽃 각설이. 한참 흥에 취해서 놀고 있는데, 주무대에서 울리는 목소리. 가수 친구가 공연을 온 모양이다. 이런 델 빠질 수가 있는가? 헐레벌떡 뛰어갔다. 무대에 선 친구는 얼른 알아보곤 손짓을 한다. 우리도 친구의 리듬에 맞춰서 흥겹게 놀았다. 친구에게 조그마한 힘이라도 보태고 싶은 마음이었다.

　하필이면 그때 소리 없는 비가 어깨를 적시고 있었다. 비옷을 입고도 그 자리를 뜨지 못하고 흥에 겨워 몸을 흔들어 주었다. 그래 오늘은 '숙제하듯이 말고 축제하듯 살아보자.' 미친 듯이 흔들고 소리 지르고 그동안 뭐가 그렇게 쌓여 있었다고 고래고래 소리를 질러도 어느 누가 뭔 소릴 하겠는가? 제법 많은 비가 쏟아졌다. 관중석에 있던 사람들은 하나둘씩 집으로 사라지고 우리 역시 그곳을 떠날 시간이 되었다. 하지만 친구들은 머뭇머뭇 아직도 흥에 취해 있었다. 이 열기를 쓰디쓴 커피로 달래 보자며 찾아간 커피숍. 유리창으로 비는 내리고 있고 친구들의 얼굴엔 행복이 가득하다. 은은한 매화향은 코끝을 간지럽히고, 그 속에 있는 나는 한 폭의 그림 같다는 생각이 들었다. 커피숍에서 나와서도 돌아설 줄 모르는 벗님네들. 아니 이 자리가 아니면 물거품이 되어 버릴 것 같은 그 기분에 그 자리를 뜰 수 없어 또다시 찾아든 선술집. 이미 그곳에는 흥에 겨운 상춘객들이 자리를 잡고 있었다. 누가 먼저랄 것도 없이 쏟아지는 육자배기 한 자락. 빗소리인지 노랫소리인지 지글지글 전 지지는 소리인지, 다시는 못 올 인생에서 지금 이 순간 행복에 취해 버렸다.

 오늘 하루 누가 보면 그야말로 머리에 꽃을 꽂은 사람처럼 즐기고 있었다. 하지만 무슨 상관이랴. 내가 행복하고 내 주위가 행복하고 그러므로 모두가 행복한 것을. 인생은 역시 축제하듯 사는 게 맞는 것 같다.

(2020. 3. 10.)

나는 그렇게 살았다

어머니가 돌아가셨다는 연락이 왔다. 부랴부랴 서울로 향했다. 작은 주검 하나. 뼈만 앙상하게 남은 사람. 저 사람이 악독했던 나의 계모의 모습이던가. 눈물이 났다. 모질게 살아왔던 인생의 페이지가 한 장 한 장 넘겨지는 모습이다. 1944년 일제강점기 마지막에 이 세상에 나는 태어났다. 전라도 한구석. 산 좋고 물 맑은 이곳에도 전염병은 스멀스멀 스며들더니 3살 때 어머니는 호열자(장티푸스)를 앓다가 돌아가셨다.

나는 위로 네 살 많은 형과 아버지와 살았다. 그때 내 나이 세 살. 혼자 살 수 없었던 아버지는 계모를 데리고 오셨다. 다섯 살짜리 형이라는 사람과 함께. 그날부터 나는 계모와의 싸움 속에서 살아야 했다. 아직 아장아장 걷는 아이조차 싫어하셨다. 나이가 들면서 계모에게 적응되어 갔다. 하지만 깔끔한 성격의 계모는 모든 것이 불만이었다. 시골 농사꾼의 집은 항상 정신이 없다. 모내기 철이면 놉이 왔다 갔다 하고, 가을철이면 부지깽이도 뛰어야 할 정도로 정신이 없다 보니 집들이 엉망이었다. 하지만 우리 집은 예외였다. 지저분한 걸 싫어하는 계모 눈에 들기 위해 나는 마루에 초 칠을 해서 윤기가 나도록 항상 청소를 했다. 하지만 나는 그냥 전실 자식이었고 일하는 머슴이었다. 학교 갈 나이가 되어서는 일할 사람이 없다고 학교 가는 것도 싫어하셨다.

결혼을 했다. 여섯 살이나 어린 사람이다. 내 처지에…. 계모는 혹독한 시집살이를 배운 사람처럼 집사람을 괴롭히기 시작했다. 홀어머니 밑에서 자랐다고 처음부터 시아버지 옷을 지으라고 하셨다. 내심 걱정이 되었다. 어떤 트집을 잡으려고 그러시는지.

집사람은 영특한 사람이다. 빨랫줄에 걸려있는 시아버지 옷을 가지고 와서 이리저리 보다가 재봉틀 앞에 앉아 한 벌 뚝딱 만들어 놓는다. 그게 화근일까? 친정아버지도 없는데 어떻게 이걸 만들 수가 있느냐고. 어디 새서방이라도 있냐고 입에 담기 힘든 말까지 하면서 괴롭혔다. 먼저 장가간 형님이 자식이 없는 것도 우리 탓이었다. 사람이 잘못 들어와서 그런 거라며 집사람을 쫓아내기도 했다. 그 사람은 묵묵히 그 모든 걸 견뎌내며 살아왔다.

큰 딸아이가 태어났다. 그때 큰 형수와 작은 형수도 임신을 했다. 작은 형님은 서울에 계셔 상관없지만 한 집안에서 둘이 태어나면 하나가 치인다는 말에 형님 아이에게 피해 줄 수 없다고 집사람은 친정에서 아이를 낳아서 반년 만에 집으로 돌아왔다. 항상 나에겐 기쁨이란 없었는데 아이의 까르르 웃는 웃음소리에 살고 싶다는 생각이 들었다. 힘들게만 느껴졌던 농사일이, 바닷일이 살아가는 원동력이 되게끔 했다.

형님이 딸 아이를 낳았다. 하지만 형님은 이미 간경화 판정을 받은 상태였다. 항상 병상에 누워있던 형님은 얼마 못 가서 숨을 거두셨다. 아버지는 형수를 재가시키셨다. 조카는 형님의 하나뿐인 딸은 돌이 되기 전에 내 차지가 되었다. 두 아이를 쌍둥이처럼 키웠다. 하지만 조카는 항상 울었다. 크지도 않았다. 그에 비해 딸아이는 다른 애들보다도 튼튼했고 먹성도 좋았다. 계모에게는 그것도 눈엣가시였다. 집사람은 옷 하나도 못 사 입히는 딸을 위해 저녁이면 재봉틀을 돌리곤 했는데도 계모는 "지 딸년은 옷 사 입힘서 조카 딸년이라고 옷 한 벌도 안 해 입힌다냐 저런 못 된 년이."라고 말했다.

항상 불만만 가득했던 계모는 줄줄이 태어나는 손주들과는 한집에서 살 수 없다고 분가를 하자고 아버지를 조르기 시작했다. 몇 날 며칠 싸우는 소리는 작은 방에 있는 내 귀에 여과 없이 들려왔다. 다음 날.

"아부지! 강 건너에 공사가 시작 된다는디 거기 주유소 하나 채리면 돈이 될 것 같은디요~ 지가 아들 데리고 제금나면 어쩌겠는가요?"

"말 마라. 큰 자석 불귀의 객이 돼야는디 니꺼정 나가믄 나는 어찌 산다냐. 니는 어디 가지 말고 나랑 살아야지. 니도 나가면 나는 못 산다."

돌아앉는 아버지의 모습은 철옹성 같았다. 며칠 후 밭 한쪽에 집을 짓기 시작했다. 계모는 짐을 싸고 좋아라 했고 아버지는 말씀 한마디 없었다.

계모는 조카와 이사를 나갔다. 아버지는 꿋꿋이 큰 방을 지키셨다. 겨울이면 아이들이 아버지 옆에서 복닥복닥하는 소리가 들렸다. 간간이 계모가 사는 집에 다녀오신 아버지는 다음 날이면 표정이 안 좋으셨다. 계모는 끊임없이 돈을 요구했고, 아버지는 그 때문에 괴로워했다. 당시 부농이었던 우리 집은 계모의 씀씀이를 감당하지 못했다. 오일장이 서는 날이면 계모는 별별 물건을 사서 오셨고, 조카를 위해서는 못 하는 게 없는 사람이었다.

하지만, 내 새끼들 아니 내 큰딸에게만은 혹독한 사람이었다. 조카와 싸우기라도 하는 날이면 큰애는 동네에 보이질 않았다. 저녁이 되어도 나타나질 않는 큰애를 찾고 보면 계모 집 뒤란에 숨어 있거나 이불 장롱 속에 숨어 있거나, 긴 장대를 들고 쫓아오는 할머니를 피해 산으로 들로 도망 다니다가 늦어서 숨어들곤 했다. 큰애는 유독 할머니를 싫어했다.

시골 동네다 보니 텔레비전이 동네에 두 집밖에 없었다. 늦은 저녁이면 그 당시 유행하던 「전설의 고향」을 보러 다니셨다. 가기 싫다고 우는 큰애와 조카를 데리고 놀러 가신다. 오실 시간이 되면 어김없이 큰애 우는 소리가 대문 밖에선 들린다. 아내를 보내거나 내가 나가보면 큰애는 벌벌 떨며 울고 있다. 이미 계모는 조카를 업고 집으로 온 뒤였다. 집으로 올라오는 초입에는 공터가 있다. 그 공터가 움푹 들어간 형상이라 저녁이면 도깨비가 나온다고 아이들은 무서워하는 곳이다. 계모는 그쯤에서 큰애 손을 놓고 조카를 업고 뛰어가고 큰애는 할머니 손을 놓치고 울 수밖에. "귀신 나온다. 내 다리 내놔라" 도망가는 할머니와 따라오는 귀신 사이에서 큰애의 울음소리는 커져만 갔다. 아버지를 졸랐다.

"아부지! 우리 집도 테레비 하나 사쥬?"

"돈이 썩었더냐. 아무짝에도 쓸모없는 걸 사그로."

"큰아가 힘든가 봐요. 저녁에 어머니가 안 데꼬가믄 모르겠는디 데꼬감서 올 때는 버리고 온께 큰아가 저녁이면 잠도 못 자고 안그요."

"…"

"우리 집도 못 사는 것도 아니고 하나 사다 노믄 더 이상 나가던 않겠지요."

다음 날 우리 집에는 동네 세 번째로 텔레비전이 들어왔다.

큰애와 조카가 초등학교에 입학했다. 집사람은 들떠 있었다. 동네 각시들은 앞다투어 곱게 차려입고 나섰다. 집사람도 한껏 멋을 내고 집을 나섰다. 조금 후 시무룩한 집사람 얼굴은 눈물이 번져 있었다. 어머니가 아이들을 데리고 가신다고 하신 모양이다. 안쓰럽긴 하지만 뭐라고 할 말이 없다.

"둘째도 있고 밑에 아들도 있은께 담에 가소. 어른이 가신단디 어쩔건가?"

"나도 첨인디. 나도 가고잡은디."

훌쩍이는 아내를 보듬어 주며 나 자신도 아내와 같은 심정이었다.

국민학교에 들어간 큰애와 조카는 곧잘 적응해갔다. 한 시간 거리를 걸어서 등교하는 애들은 아침 일찍 일어나고, 챙기고, 불 때는 부엌에서 아내가 머리를 묶거나 글을 읽거나 하는 것이 일상 풍경이 되었다. 행복한 일상은 계속될 것만 같았다.

하루, 한여름.

집으로 돌아오던 큰 애는 우리 집 입구에서 갑자기 쓰러졌다. 아무 증상도 없이 픽 쓰러진 게 다라고 했다.

"몰라, 그냥 하늘이 힉 했어."

"어지럽거나 그렇지 않고?"

"그냥 힘이 없어서 일어날 수가 없었는디."

그건 불행의 시작이었다. 누구보다 키도 크고 건강했던 아이는 수시로 쓰러졌고, 그걸 지켜본 우리 부부는 가슴이 미어졌다. 내 희망이었던 아이가 무너진 것이다. 병원을 찾았다. 병명이 없단다. 평상시엔 멀쩡한 아이. 동네 골목대장은 다 하고, 달리기도 잘한다고 운동시킬 생각이 없냐고 학교에서 연락까지 왔던 아이. 그 아이는 이제 밖으로 나오지 않았다. 집 안에서 꼼지락거리기만 할 뿐 속을 알 수가 없었다. 간간이 계모는 병원 다니는 걸 속없는 짓이라고 타박을 하셨다.

"가시나 그거 멋헌다고 빙원을 데꼬댕기고 그래. 자식 하나 없다고 죽는 것도 아닌디. 지 팔자가 긍께 냅두지. 가시나 밑으로 뭔 돈을 그리 들인당가."

"그래두 해 보는디까지는 해 봐야 줘. 생목숨 끊을 것도 아닌디."

"어이 이 사람아. 귀신이 씻이는디 났는당가. 못나서 귀신이 씨인거여 귀신이."

"먼 귀신이 씨인다 그요. 어머니는 아한테 글고 잡소."

하루하루가 지옥이었다. 아픈 아이와 계모의 지리한 싸움은 계속되었다. 다른 아이들은 돌볼 여유가 없었다.

하루, 큰 애가 다리를 긁고 있었다. 종기 비슷한 것을 북북 긁어댔다. 약방엘 갔더니 '버짐꽃'이 피었단다. 하필이면 뼈 끝

자리가 되어서 완치할 수가 없단다. 아니 한 가지 방법이 있는데 그게 다리를 절단하는 방법밖에 없단다. 하루하루 큰 애의 다리에선 진물이 흘러내렸고 큰애는 울면서 보채고 가렵다고 북북 긁기 바빴다. 계모가 시장을 다녀와서,

"버짐 꽃이 피면 다리를 짤라야 허는디 또 다른 방법이 있다는디 해 볼란가?"

"뭔 방법이 있다요."

"잉. 방법이 있긴 한디…. 가시나라 어쩔란지."

"방법이 있음 해 봐야죠."

"다리에 흥 질건디. 먼고 허니 똥하고 오줌하고 섞어서 팔팔 끓여가꼬 그걸 다리에다 찍으면 된다네. 보기에는 흥해도 그렇게 나은 사람이 있단디."

다리를 자른 것보다는 나을 것 같아 다음 날 저녁 곤로를 큰방에 가지고 갔다. 잠든 큰애 다리를 아버지, 계모, 집사람이 잡고 팔팔 끓는 똥오줌 섞은 물을 다리에 찍었다. 살 타들어가는 소리에 큰애는 울다가 정신을 잃었다. 갑자기 후회가 밀려왔다. 화상이었다. 내가 무지하구나. 커다란 흉터를 안고 살아가게 했구나. 하지만 어떠랴. 불구가 되는 것보다는 낫게 거니 할 수밖에.

그럭저럭 세월은 흘러갔다. 계모는 제금을 나가서도 집으로 와서 잔소리를 하면서 슬쩍슬쩍 물건을 빼돌리고 있었다. 그걸 알고 있는 집사람에게는 입에 담을 수 없는 욕을 해댔고, 그걸 묵묵히 견뎌내고 있는 집사람이 대견하기만 했다. 그 사이에 우리에게는 딸 둘에 아들이 셋이나 생겼다. 하지만 큰애의 병세는 더 심해져만 갔다. 응급실도 없는 시골 한구석에서 생사를 오가는 딸애는 호흡곤란까지 왔고, 십 리 길을 업고 보건소라도 뛰어가면 주사 한 방에 수그러지는 모습에, 나는 어거지로 주사 놓는 방법을 배웠다. 몸부림치며 힘들어하는 아이는 주사를 맞고 곤히 잠들곤 했다. 저 역시 얼마나 힘들 것인가.

학교에서 연락이 왔다. 큰애가 쓰러졌단다. 병원으로 쫓아갔다. 의사는 고개를 흔든다.
"큰 병원으로 가 보세요."
"아니 왜요?"
"언제까지 이럴 수는 없잖아요. 병명도 없고, 우선 응급조치밖에 할 수 없는데."
"그냥 하던 대로 주사 놓고 있어 봐야죠."
"…"

"다른 병원에 가봐도 뾰족한 방법이 없고."

"먹는 거나 잘 먹이세요. 저러다 기력 떨어지면 그만인께."

"네."

그 당시 집사람은 큰애를 데리고 안 다녀본 데가 없다. 전라도 한 귀퉁이 시골에서 마산에 어디 병원이 좋다더라 하면 뒤도 안 돌아보고 병원으로 갔고, 광주에 어디가 좋다고 하면 광주로 전국을 누비고 다녔다. 물론 그때는 계모가 아버지를 챙겼다. 부엌에라도 들어가면 큰일이라도 나는 줄 알았던 그때 둘째 딸애는 동생들 챙기고, 집안일 챙기기에 여념이 없었다. 하지만 큰애는 병명도 모르는 채 돈만 낭비하고 집으로 돌아왔다. 또 누군가가 말을 했단다.

"굿을 한번 해보소."

"굿이요?"

"잉 구신이 씨인 사람을 빙원 쫓아다닌다고 낫는당가."

"어른들도 기신디…."

"용한 무당 있은께 한 번 해봐. 갠히 아 고생만 시키지 말고."

"야."

또 그렇게 우리 집은 무당이 와서 팥을 뿌리고, 소금을 뿌리고, 물을 뿌리면서 한바탕 굿을 벌였다.

며칠 뒤.

큰 애가 호흡곤란과 함께 숨이 넘어가고 있었다. 주사를 꽂아 놓고 있어도 이번에는 쉬이 잦아지지 않는다. 아마 내성이 생긴 모양이다. 의사는 한 병만 투여하라고 했지만 불쌍한 내 새끼. 한 병을 더 땄다. 그때였다. 계모가 식칼을 들고 들어왔다.

"죽어라. 어여 죽어."

딸에게 내민 칼은 내 심장을 후벼 파고 있었다.

"줘, 나 죽을래."

죽고 싶다고 울고 있는 큰딸.

"그래 어여 죽어. 니 동생들 생각해서 얼른 죽어. 여태 갔다 쓴 돈이 얼마냐? 서울 가서 집 몇 채 살 돈을 니가 다 안 묵었냐 얼른 죽어."

칼끝이 딸애 목에서 춤을 추고 있었다.

"어무니 지금 뭐하요? 글 안 해도 죽게 생긴 새끼 앞에서 지금 뭐허요 어무이."

"나가 오죽하면 이러겄는가. 자 하나땀시 이것이 사는 건가.

아들 꼭지도 아니고 돈 잡아 묵는 구신. 저것이 사람이간디. 얼른 죽도 안함서."

"어무이는 뭔 말을 그리 헌다요. 얼른 나가시오. 나가."

"잘 생각해 보소. 저것은 구신이여 구신."

"어무이"

"오죽허먼 이럴까. 즈그 할매가 붙은거여. 얼른 죽어야 혀."

"죽으면 죽었지 그리 못 허요."

"이 사람아! 나 좋자고 그런가. 저것이 죽어야 우리가 사네. 밑에 아들도 있는디 언제꺼정 저것만 싸고 돌란가."

울고만 있던 딸애가 식칼을 가지고 갔다.

"안 된다 안 돼. 글지 마라. 나는 니 포기 못헌다. 글지 마라. 부모보다 먼저 죽으면 가슴에 묻는다더라. 가슴에 묻고 나는 어찌 살거나. 나는 못 산다. 차라리 같이 죽을거나."

"아빠! 할매 말 틀린 것 없는디 뭐. 나가 없으면 동생들 고생은 안 헐건디. 나 죽을라요."

아직도 가라앉지 않는 몸으로 큰 딸애는 울부짖고 있었다.

"그만허자."

계모는 식칼을 뺏어 나갔지만, 방에서는 한참을 부둥켜안고 울고 있었다. 얼마나 가슴에 상처로 남을 것인가. 목에서 넘실

대는 칼춤을 본 딸애는 실신한 것처럼 쓰러졌다. 팔다리를 주 무르고 흔들어 깨워도 일어나지 못했다. 나에겐 엄청난 충격이 었고 언젠가는 계모가 큰애를 죽일 수 있다는 막연한 상상 속에 살았다.

계모에게 치매가 찾아왔다. 식탐은 유별났고, 똥을 벽에 바르는 걸 아무것도 아니었다. 수발들고 있던 집사람을 폭행하고, 돈 내놓으라고 윽박질렀다. 당신 자식한테 가야 한다고 논 팔아달라고 하루가 다르게 소리소리 질렀다. 그 사이 아버지는 돌아가셨고, 서울 형님이 모셔갈 거라 생각했지만 계모는 꼼짝도 하지 않았다. 아니 형님이 거부한 모양이었다. 그래서 계모는 논이라도 팔아서 당신 자식 곁으로 가고 싶은 거였다. 할 수 없이 논을 팔아 서울로 보냈다. 일 년을 못 살고 또다시 내려온 시골집. 형님은 집도 샀지만, 어머니를 돌볼 수 없었나 보다. 훨씬 심해진 치매. 집사람이 없었더라면 그 수발을 누가 들겠는가. 하지만 일이 벌어지고 말았다. 집사람이 다리에 무리가 왔는지 걷는 게 불편하다고 했다. 병원에 갔더니 수술을 해야 한다고 한다. 계모가 문제였다. 다시 형님에게 부탁을 했다.

"형님! 집사람 수술 끝나고 가을걷이 끝나고 모시러 갈게요."

"아니 자네. 어머니가 얼마나 고생하고 사셨는데 치매 걸렸다고 서울로 보낼려고 하는가."

"형님! 그게 아니라 집사람도 안 좋고, 시골이라 농사도 지야 허고. 안 모시것다는 것도 아니고 몇 달만 부탁할게요."

"동상 그럼 요양원 어떤가? 돈은 내가 내고."

"자식이 둘이나 있는디 요양원이 뭐다요. 글고 요양원은 인자 생기서 한 달에 백만 원도 넘는다요."

"그리 많이 든가, 내가 집사람하고 말해보고 연락함세."

그렇게 계모는 서울행 기차를 탔다.

석 달 전 일이었다.

| 서 평 |

평범한 순간에서 찾은 지혜,
삶을 다시 사랑하게 될 이야기

강병욱
(월간 『수필문학』 발행인)

　수필을 정의하는 다양한 시각들이 있다. 고전적인 '붓 가는 대로 쓰는 글'이나 '무형식의 글'이라는 정의를 넘어, 많은 이들은 진솔한 자기 고백, 따끔한 비평 의식, 유머와 위트 등을 수필의 핵심 요소로 꼽는다. 이 가운데 가장 본질적인 것은 바로 '진솔한 자기 고백과 성찰'이다. 이는 작가가 보고, 듣고, 느낀 경험을 솔직하게 털어놓는 것을 의미한다. 때로는 문학적 완성도를 위해 상상이나 간접 경험이 더해지기도 하지만, 근본적으로는 작가 자신을 깊이 들여다보는 성찰의 과정인 것이다.

　알베레스는 수필을 '지성을 바탕으로 한 정서적 신비의 이미지'라 정의했는데, 여기에 진솔한 자기 고백을 더하면 수필의 특징을 가장 잘 요약한 정의가 될 것이다. 자기 고백이 없는 수필은 독자에게 감동이나 정감을 주기 어렵고, 단순한 자기 과시에 그치고 말기 때문이다.

김외순 작가의 글은 이러한 수필의 본질을 잘 보여준다. 단순히 개인의 경험을 기록하는 것을 넘어, 삶의 본질과 인간 존재의 의미를 깊이 탐색하는 여정이라 할 수 있다. 그의 작품들은 마치 삶의 여러 조각을 정성스럽게 맞춰나가는 퍼즐처럼 느껴진다. 독자들은 이를 통해 작가가 세월의 흐름과 고난 속에서 어떻게 내면의 지혜를 쌓아가는지 목격하게 된다.

고통과 성장의 변증법

김외순 수필가의 글에서 특히 인상 깊은 것은 고통을 통해 성숙에 이르는 과정이 섬세하게 그려진다. 「동안거」에서 인간관계의 상처를 통해 자신을 돌아보며, 벽을 보고 수행하듯 병실에서 혼자 아픔과 싸우고, 인간관계에서 받은 상처를 되짚어보는 과정을 '벽면 수행'이라고 표현한 것이 인상적이고 몸의 치유뿐만 아니라 마음의 정리를 위한 시간이 필요했음을 보여준다. 「물의 연가」에서는 어린 시절의 트라우마를 직면하며 물에 대한 두려움의 근원을 찾아가는 모습은 독자에게 깊은 울림을 준다. 이는 단순히 아픔을 나열하는 것을 넘어, 그 아픔 속에서 자신을 이해하고 극복하려는 강한 의지를 보여주며, 삶의 고난을 마주하는 용기를 불어넣는다.

「살아야지」에서 겪는 백신 접종의 어려움조차 삶에 대한 강한 긍정과 의지로 승화시키는 지점은 단단한 내면을 증명한다.

여러 병원을 방문하며 겪는 좌절과 실패의 과정이 마치 여정처럼 펼쳐진다. 이 여정의 끝에서 '나'는 스스로 용기를 내어 접종을 결정하고, 결국 '살아있는 기쁨'을 느낀다. 이는 절망에서 희망으로 나아가는 드라마틱한 감정선을 형성한다.

일상 속 미시적 관찰과 거시적 통찰

주변의 작은 존재들에게서도 결코 놓치지 않는 예리한 관찰력을 지니고 있다. 「귀여운 도둑」의 까치에게서 '염치'를 발견하고, 일상에서 흔히 볼 수 있는 작은 사건을 통해 우리 사회와 인간의 본질을 돌아보게 하는 힘을 가진 작품이다. 작가는 '때까치'의 소박한 행동에서 나를 돌아보게 하는 중요한 깨달음을 얻었음을 담담하게 전달하며, 독자에게도 따뜻하면서도 묵직한 메시지를 던진다.

「벌과 나누다」에서 무화과를 탐하는 벌에게서 자연과의 공존과 나눔의 지혜를 배우는 모습은 일상 속에서 마주하는 미물조차 삶의 중요한 스승으로 여기는 저자의 겸허한 태도를 보여준다.

「계절의 바뀜은 우리 집 우물물에서부터 시작된다」에서는 미시적인 관찰로 '계절의 바뀜은 우리 집처럼 우물물의 작은 변화'에서 인생의 큰 흐름과 치유의 과정을 읽어내는 거시적인 통찰로 자연스럽게 확장된다. 이는 독자로 하여금 자신의 일상 또한 새로운 눈으로 바라보게 만드는 힘을 지닌다.

시대를 관통하는 가족애와 휴머니즘

또한, 강력한 가족애와 보편적인 휴머니즘을 담고 있다. 「기차, 그리고 첫사랑」을 통해 부모님의 변치 않는 사랑을 기리고, 부모님의 사랑 이야기를 통해 삶의 아름다움과 인연의 소중함을 담아낸 수필이다.

작가는 KBS '아침마당'이라는 방송에서 우연히 듣게 된 부모님의 젊은 시절 이야기를 풀어낸다. 강원도 군인과 서울에 가던 시골 처녀의 우연한 만남, 편지를 주고받으며 쌓아간 사랑, 그리고 양가 부모님의 반대라는 장애물을 이겨낸 이야기는 한 편의 드라마처럼 펼쳐진다.

이 작품의 핵심은 한결같은 사랑의 가치이다. 아버지가 미안한 마음을 내비칠 때, 어머니는 '한결같은 사람'이라 좋았다고

답한다. 이는 오랜 세월 동안 서로에 대한 신뢰와 사랑을 지켜온 부모님의 아름다운 동행을 보여준다.

"기차에서 만난 사랑은 헤어지지 않는다"는 어머니의 말처럼, 작가는 부모님의 평범한 이야기 속에서 삶의 깊은 의미와 인연의 소중함을 발견한다.

「다시 태어난다면」에서는 아버지에 대한 깊은 그리움과 그분께 돌려 드리고 싶은 무한한 사랑을 표현한다. 특히 「때론 눈물도 필요하더이다」는 한 시대의 장례문화를 관통하며, 아버지 세대가 짊어져야 했던 희생과 한을 섬세하게 그려낸다. 묵묵히 가족을 지켜온 아버지에게 이제라도 마음의 눈물을 쏟아내라고 따뜻하게 권하며, 아버지의 사랑을 영원히 잊지 않겠다는 다짐을 전하고 있다. 「외로운 아이」에서 "친정아버지의 이야기를 듣노라면 나도 역시 가슴이 먹먹해진다"는 구절은 아버지의 아픔을 진심으로 이해하고 공감하는 작가의 마음을 보여준다. 이 수필은 아버지의 삶을 단순히 전달하는 것을 넘어, 한 세대가 짊어져야 했던 고통과 결핍을 다음 세대가 이해하고 보듬어 안는 과정을 아름답게 그려내고 있다. 아버지의 삶을 통해 묵묵히 가족을 지탱해온 가장의 무게와 한을 풀어내는 부분에서는 먹먹한 감동이 밀려온다.

어려운 시집살이 속에서도 굳건히 가정을 지키신 어머니와 조카와 자식을 차별 없이 품은 모습은 어떤 상황에서도 꺾이지 않는 가족의 소중함과 인간적인 유대를 강조한다. 이는 시대를 넘어 많은 이들에게 깊은 교훈과 위로를 선사하는 핵심적인 매력이다.

담담한 문체가 주는 깊은 여운

화려한 기교나 과장된 수사보다는 진솔하고 담담한 문체를 유지하는 점도 김외순 수필가의 큰 강점이다. 마치 옆에서 이야기를 들려주는 듯한 편안함 속에, 때로는 깊은 슬픔이, 때로는 따뜻한 위로가 스며들어 독자의 마음을 울린다. 특히 구어체적인 표현과 서정적인 묘사가 적절히 어우러져 글에 생동감과 친근감을 더한다. 이러한 문체는 진정성을 더욱 부각시키며, 독자로 하여금 삶의 희로애락을 있는 그대로 받아들이고 긍정하는 힘을 느끼게 한다.

김외순 수필집 『달의 인생』은 바로 이러한 작가만의 매력이 응축된 작품으로 우리 모두의 삶을 돌아보게 하는 따뜻한 안내서와 같다. 평범한 일상의 순간에서 발견한 지혜, 그리고 삶을 다시 사랑하게 될 이야기들로 엮인 작품들은 자신의 경험과 성찰을 통해 독자들에게 깊은 공감과 위안을 선사하며, 우리가 잊고 지냈던 삶의 소중한 가치들을 일깨워 준다.

달의 인생

2025년 8월 15일 초판 인쇄
2025년 8월 20일 초판 발행

지은이   김외순

발행인   강병욱
발행처   도서출판 교음사
편집   수필문학사

03147 서울 종로구 삼일대로 457 수운회관 1308호
Tel (02) 737-7081, 739-7879(Fax)
e-mail : gyoeum@daum.net
등록 / 제2007-000052호

* 잘못된 책은 바꿔 드립니다. 값 15,000원

ISBN 978-89-7814-044-7 03810

전라남도 JeollaNamdo   전라남도 문화재단

이 책은 전라남도, (재)전라남도문화재단의 후원을 받아 발간되었습니다.

- 이 책 내용의 전부 또는 일부를 재사용하려면 저작권자와 교음사의 동의를 받아야 합니다. 지은이와의 협의 하에 인지는 생략합니다.